Bilingual Classics

U0898339

双语经典

寻欢作乐

〔英国〕威廉·萨默塞特·毛姆 著

方华文 译

译林出版社

目　录

译 序

威廉·萨默塞特·毛姆（1874年1月25日—1965年12月16日），英国小说家、剧作家，其文学创作生涯跨越了半个多世纪，一生著述颇丰，创作了至少二十部长篇小说（其中有四部在世界文坛有着广泛和深远的影响）、一百五十多篇短篇小说、三十多个剧本，还写了许多游记和带有自传性质的作品。人们都称毛姆为“故事大王”，顾名思义，他很会讲故事。先设立一个“噱头”把你引进他的“故事阵”，接着便“调兵遣将”（即编排故事情节）叫你“心醉神迷”，无法走出他布下的阵，非令你手不释卷地看下去，看完了还叫你“掩卷沉思”，回味无穷，从中悟出好多人生的道理，因为他的作品（特别是长篇小说）都不是放空炮，不是“空穴来风”，而是在深入了解了生活后的有感而发，是一种理性的判断和总结。正因如此，他的粉丝遍布世界各地（其中包括我国的许多文学青年）。他的作品被译成多种文字，不少小说还被搬上银幕，他成为二十世纪上半叶最受欢迎的小说家之一。鉴于他为英国文学，乃至世界文学，做出了巨大贡献，二十世纪五十年代牛津大学曾授予他荣誉博士学位，英国女王还授予他“荣誉侍从”称号。同时，他被吸收为皇家文学会的会员。英国嘉里克文学俱乐部还特地设宴庆贺他的八十寿辰（在他之前英国文学史上享此殊荣的只有狄更斯、萨克雷、特罗洛普三位作家）。

毛姆出生于法国巴黎。他的父亲是律师，受雇于英国驻法国大使馆。毛姆在法国度过的童年生活使他接受了法国文化的熏陶。父母死后，他由叔父接回英国送进寄宿学校读书。在年幼的毛姆看来，英国是个灰暗、沉闷的陌生国家。他的少年生活凄苦、寂寞，享受不到至亲的关怀。1890 年，他到德国海德堡大学求学。后来，他返回伦敦，在圣托马斯医学院开始了为期五年的学医生涯，并于 1897 年取得了外科医师资格。1897 年发表第一部长篇小说《兰贝思的丽莎》。1915 年发表长篇小说《人生的枷锁》。第一次世界大战期间，他去欧洲战场救治伤员，还曾服务于英国情报部门。1916 年，他去南太平洋旅行，此后多次涉足远东。1920 年他来到中国，写了游记《在中国的屏风上》，并以中国为背景写了一部长篇小说《面纱》。之后又去了拉丁美洲与印度。1928 年定居法国地中海滨的里维埃拉。第二次世界大战时，他曾去英、美宣传联合抗德。

毛姆的作品之所以感人至深，具有强大的影响力，是因为他塑造的人物真实而鲜活，所反映的全是发生在身边的事情。他在一次记者招待会上说，凡是有理智、有头脑的作家都写自己的经历，因为唯有写自己的经历时他才最具有权威性。因此，他的文学成就就是他漫长曲折、阅历深广的一生的忠实反映。在他一生的经历中，法国文化、海外旅行以及学医生涯这三项对他的文学创作影响最深。他推崇法国文化，从法国自然主义大师，特别是从莫泊桑那里学习创作技巧，竟至后来被文学评论家称为“英国的莫泊桑”。他曾这样说过:“是法国给了我教育，教我学会了珍视美和荣誉，珍视智慧和良知；是法国教会了我写作。”而广泛的海外旅行经历则丰富了他的写作内容。每到一处，他都会在笔记中记下对当地的景色以及人物的印象，记下对故事的初步构思。他的作品充满了旖旎的南太平洋风光和浓郁的异国情调，殖民官员、传教士、商人、冒险家、种植园主、土著人、赌徒和妓女等，无不收于笔下。行医的实践教会了他以临床解剖的方式去剖析人生和社会。在从医期间，他有机会接触到了各色人物，了解了人间的贫病、痛苦以及愚昧，从而逐渐意识到基督教义纯粹是无稽之谈，环境对于人类不是宽厚仁慈，而是冷酷无情。

有评论家说毛姆“有同性恋情结”，这也并非完全无中生有。第一次世界大战期间，他在西线服役时遇到了二十二岁的美国人吉拉尔德·哈克斯顿，二人自此形影不离。他大部分时间与哈克斯顿生活在一起，二人一起游历了中国、印度、拉美等地，毛姆“世界旅行家”的称号也由此而来。在这些旅行中，哈克斯顿好比毛姆的眼睛与耳朵，在与旅途中各色人的交往中，为毛姆搜罗了大量“奇闻逸事”，而这些故事则成为毛姆日后小说创作的源泉。

毛姆的一生丰富多彩，而他在小说中反映的人生也同样丰富多彩。他对人生中的种种复杂的现象进行了分析，提出了解决方案。尤其是他的长篇小说代表作《人生的枷锁》《月亮与六便士》《寻欢作乐》以及《刀锋》，更是把人类社会剖析得极为透彻，描绘得极为生动，难怪历代读者公认他是“最会讲故事的作家”。

《寻欢作乐》是毛姆艺术上最圆熟的作品，也是他个人最为喜爱的作品。书中，对现实的介绍和对过去的回忆穿插进行，叙述线索不时前后往复而不失清晰。故事叙述者艾舍登的原型实际上就是毛姆本人，讲述的是他自己的人生经历和所见所闻。艾舍登十五岁时住在黑马厩镇叔叔的家中，练习骑自行车的过程中结识了作家德里菲尔德和他的妻子罗茜。德里菲尔德喜欢跟下层人打交道，说话和做事都比较粗俗，而罗茜既美丽又风流。起初，自命清高的艾舍登有点瞧不起他们，可是对方却像磁石一般吸引着他，使得他愿意接近和了解他们，后来逐渐发现他们的"粗俗"和"风流"只是纯真"人性"的一种表现。德里菲尔德出身贫寒，为了生存干过各种各样的低微的工作，经过不懈奋斗，创作了几本小说，但并无出众之处。正当他处于事业的低谷，无望出人头地时，"贵人"特拉福德夫人闪亮登场，在新闻界刮起一阵狂飙,将他炒作成了"文坛泰斗"。小说通过对这位"泰斗"以及周围种种人物的描写，揭示了当时英国文学界的种种光怪陆离、可笑可鄙的现象，如市侩文人阿尔罗伊·基尔的趋炎附势、弄虚作假和巴顿·特拉福德夫人的装腔作势、矫揉造作。女主人公罗茜则是一位性格颇为复杂的女性。她出身于酒吧女招待，善良、坦率，是德里菲尔德的第一任妻子，跟他的第二任妻子（一个虚伪、势利的小人）形成了鲜明的对比。她固然风流，愿意跟自己喜欢的任何一个男子上床，但她的本意是想把欢乐带给对方，其本性并非"淫荡"，而是"热情"。在毛姆的眼里，她就像太阳一样灿烂，给人们奉献出了温暖。二十出头的艾舍登也沐浴了这样的阳光，跟比他大许多的罗茜有过一段恋情。乔治·坎普是黑马厩镇的一个商人，也是罗茜真心爱恋的一个情人。二人之所以未能结为连理，一是因为在社会地位上有巨大差异，二是因为乔治·坎普已有妻小。乔治·坎普踌躇满志，想把黑马厩镇打造成旅游胜地，后由于资金链断裂破了产，成了一个一文不名的落魄人。罗茜同情他、爱他，便毅然决然地离开了自己的丈夫，跟他私奔到了美国。在那儿，他们改名换姓，结为夫妇，过着幸福安适的日子。“我”（即艾舍登）写的一个剧本在纽约上演，于是“我”受邀前去造势。经过媒体大肆渲染，“我”一时成了美国的风云人物。罗茜得知后写信请“我”去见了她。此时乔治·坎普早已去世，而罗茜也已年过古稀。不过，她依然似当年那样纯真、坦率，笑得仍是那么灿烂。叙谈间，她说出了她背叛德里菲尔德，跟着乔治·坎普远遁天涯的原因——她认为乔治·坎普“自始至终都是一个完美的绅士”。

方华文作于苏州大学

2021年1月28日

第一章

我注意到：但凡有人打电话来找你，而你碰巧不在，于是他留下口信，请你一回来就给他回电话，声称有要紧事，那么这件事八成是对他要紧，而不是对你要紧。如果要送你一样礼物，或是帮你什么忙，大多数人都会保持克制，而并非急不可耐。所以，我回到寓所更衣吃饭前，只有那么一点时间可以喝杯茶、抽支烟、看看报纸，这时却听我的女房东费洛斯小姐告诉我说阿尔罗伊·基尔先生打电话来，请我立刻给他回个电话，我便觉得自己完全可以不理睬他的要求。

“是那个作家吗？”费洛斯小姐问我。

“是的。”

她亲切地瞥了一眼电话机，问道：

“要我为你拨通他的电话吗？”

“不用了，谢谢你。”

“要是他再来电话，我该怎么说呢？”

“请他留个口信。”

“好吧，先生。”

她噘起嘴，拿了空水瓶，朝屋里扫了一眼，看有没有不整洁的地方，然后走了出去。费洛斯小姐非常爱看小说。我坚信她看过罗伊[①]写的所有小说——她见我如此怠慢罗伊，便心怀不满，这说明她很欣赏罗伊的小说。待我当天又回到寓所的时候，我发现餐具柜上有一张她写的留言条，字迹粗大、清晰：

> 基尔先生又来过两次电话，问你明天是否可以和他一起吃午饭。如果明天不行，请你告诉他哪天合适。

我皱起了眉头。我已经有三个月没有见到罗伊了，上一次会面是在一个宴会上，也只说了几分钟的话。他为人亲切友好，这是他一贯的作风。分手的时候，他还对我们难得见面由衷地表示遗憾。

“伦敦这鬼地方，”他说，“你想见个人，却总是没有机会。你我下星期约个日子一起去吃顿午饭怎么样？”

“我很乐意奉陪。”我答道。

“我回去看一下我的记事簿，然后给你打电话。”

“没问题。”

我认识罗伊已经有二十年之久，自然知道在他背心左上方的口袋里总放着那本小记事簿，上面记着他所有约会的内容。因而，分手后再没有听到他的消息，我也就不感到意外了。而现在他这么迫不及待地盛情相邀，我便不可能不觉得他别有用心了。上床睡觉前，我叼着烟斗，心里反复思量着罗伊设饭局背后的可能原因。莫非是崇拜他的哪个女读者想结识我，求他引荐？抑或美国的哪个编辑来伦敦停留几天，

① 阿尔罗伊的昵称。

想通过罗伊要我跟他取得联系？不过，我可不敢小瞧我的这个老朋友，错以为他缺乏良策应付这种局面。再说，他要我挑选日子，所以不大可能是想让我去见什么人。

当某位小说家成为一个有口皆碑的人物时，同为小说家的罗伊一定会对他表现出无与伦比的诚挚，可一旦这位小说家江郎才尽，光环失色，或者被后来者所取代，名气大减后，谁都不如罗伊那般对他冷漠。凡作家，谁都会起起落落。我有自知之明，很清楚自己目前还未受到公众的垂青，不应该受到罗伊的关注。显然，我完全可以找个适当的理由，既不得罪他，也能推掉这个饭局。不过话又说回来，罗伊意志坚定，是个不达目的誓不罢休的人。我深知我除非一不做二不休，骂一句“见鬼去吧”，才能断了他这个念头。然而，我却无法抑制内心的好奇。再说，我还是很喜欢罗伊的。

看着罗伊在文学界声名鹊起，我曾经对他满怀敬仰之情。他的经历堪称典范，可为孜孜以求的文学青年所效仿。依我的拙见，在我们的同代人当中，没有任何人能像罗伊那样靠着一丁点才华竟取得了如日中天的地位。此情状似智者所为，有事半功倍之成效——只费一点气力，就可以收到数倍的效果。他对自己究竟有几斤几两心中有数，想不到自己竟能靠这点本事写了大约三十部小说，有时候他一定会觉得这简直是一个奇迹。托马斯·卡莱尔[①]在一次宴会后曾发表演说，表示所谓天才，即靠的是“十年磨一剑”的艰苦努力。想必罗伊一定读到过这段言辞，且一定有醍醐灌顶一般的感觉。他一定沉吟良久，心中暗忖：别人能成为天才，自己也必然

---

① 托马斯·卡莱尔（Thomas Carlyle，1795—1881），英国历史学家、讽刺作家、评论家。

能做到。后来，一家妇女报纸针对他的一部小说发表书评，热情洋溢地称赞他为“天才”（近来，评论家们一而再再而三地使用这个词）。看到这种评价，他一定满意地长吁了一口气，其情状就像是一个人经过了长时间的琢磨终于填对了一个错综复杂的字谜。凡是多年来一直在观察他，看见他以悬梁刺股的精神勤奋耕耘的人，是不会否认他配得上“天才”这个名号的。

罗伊起步时就有得天独厚的条件。他是家里的独生子，父亲是个文职官员，在香港当了多年的辅政司，最后在出任牙买加总督后辞官回国。如果你翻开《名人录》，在字排得很密的书页中寻找阿尔罗伊·基尔的姓名，就会看到这样的词条：“圣米迦勒和圣乔治高级勋位爵士、皇家维多利亚高级勋位爵士雷蒙德·基尔爵士之独生子，其母埃米莉为已故印度驻军陆军少将珀西·坎珀当之幼女。”他早年在温切斯特和牛津大学新学院求学，曾是牛津大学学生俱乐部的主席，要不是因为不幸得了麻疹，很可能成为该大学的赛艇运动员。他的大学生涯虽然并非光彩夺目，却也可圈可点，离校时干干净净，分文不欠。他早在那时就养成了节俭的习惯，不该花的钱绝对不乱花。他是个孝子，深知父母为了供他上学，付了高昂的学费，着实做出了很大牺牲。他的父亲退休后住在格洛斯特郡斯特劳德附近的一幢并不华丽却也不寒酸的房子里，不时还到伦敦去参加一些与他过去管理过的殖民地有关的官方宴会。每当这种时候，他总要去雅典娜俱乐部[①]看看，

---

① 该俱乐部创立于1824年，会员对象是“对科学、文学和艺术发展做出杰出贡献的绅士”。许多文化界名人都曾是雅典娜俱乐部的会员，在十九世纪雅典娜俱乐部可谓红极一时，申请者有时不得不等上十六年的时间才能加入。

因为他是该俱乐部的会员。后来当罗伊从牛津学成归来的时候，他正是通过这个俱乐部里的一位老朋友，才使他的儿子当上了一个政客的私人秘书（这个政客当了两届保守党政府的国务大臣，做了很多蠢事，但最终还是被册封为了贵族）。有了这个职位，罗伊近水楼台先得月，小小年纪就得以深入了解上流社会，而他审时度势，充分利用了这一机会。有些作家仅仅通过带有插图的报纸杂志而对上流社会有了一些皮毛上的了解，结果写出的有关作品错误百出，有损作品的质量，你在罗伊的作品中绝对找不到这样的短板。他对上流社会了如指掌，知道公爵彼此之间该怎样谈吐，知道下议院议员、律师、赛马赌注登记人和男仆各自应当如何同一位公爵讲话。他在早期小说中曾对总督、大使、首相、王族成员和贵族妇女有过生动的描写，笔调轻松活泼，引人入胜。他的文风亲切友好，不会叫你感到那些人物高不可攀，而是让你觉得那些人很熟悉，同时又不敢有不敬之意——他不会令你忘记他们的身份，却又叫你感到舒坦，觉得他们跟你我一样，都是有血有肉的人。时代的风云变幻莫测，如今贵族生活已不再适合做严肃小说的题材，我一直深以为憾。罗伊历来对时代潮流都十分敏感，因此他后期的小说仅限于描写律师、执业会计师和产品经纪人，描写他们精神世界里的冲突。他在这个圈子里闪转腾挪，就不如先前那么得心应手了。

我是在他辞去秘书职务，全身心地投入文学创作后不久认识他的。那时候的他年轻潇洒，风流倜傥，身高六英尺，体态似运动员，肩膀宽宽的，一举一动都充满了自信。论相貌，他并不英俊，然而阳刚气十足，一双蓝色的大眼睛，目光坦坦荡荡，浅棕色的头发卷曲着，狮子鼻短而宽，下巴方方的，英气逼人。他看上去敦厚诚实，干净利落，身材健壮，有着运动员的气质。他早期的作品多有笔墨描写猎人带着猎狗狩猎的场面，极其生动，极其精确，你看了就绝不会怀疑，那是对他亲身经历的描写。直至前不久，他还时而欣然离开书案，出外打上一天的猎。他出版第一部小说的时候正是文人墨客为了彰显豪爽胆气，开怀畅饮啤酒，板球场上争高低的时期。有好几年，在每一支文学界的板球队中几乎总有他的姓名出现。我不大清楚为什么这个流派的作家后来失去了锋芒，作品被打入了冷宫。他们依然在打板球，但发表作品却举步维艰。罗伊好多年前就不打板球了，他养成了一种品尝红酒的高雅嗜好。

罗伊对自己的处女作抱着十分谦虚的态度。此书篇幅不长，文字简洁，跟此后他所写的所有作品一样，格调高雅。他把这部作品送给当时所有的领军作家，并附上一封措辞动听的信。他在给每位作家的信中都表达了对对方成就的无限敬仰之情，并言之凿凿地说自己从对方的作品中获益匪浅，尽管难以望其项背，但一定会满怀热情地沿着对方所开辟的道路奋勇前进。他声称：他身为一个初出茅庐的晚辈，谨将自己的拙作奉献于一位文学巨匠，一位他将永远视为自己师长的前辈的脚下，以表自己的敬意。他很清楚，让一个日理万机的走红作家浪费时间阅读他这么一个文坛新人的生涩作品，的确有点冒昧，但他还是满怀诚意地恳求对方给予批评指教。收到他的书和信，作家们均为他的奉承所感动，一一写了长长的回信，几乎没有一个敷衍搪塞。他们高度评价了他的书，其中有好几位还邀请他共进午宴。他们无不被他的坦率所吸引，无不为他的热情而感到心头温暖。他征求他们的意见，态度谦恭，保证一定谨遵他们的教诲——那种谦恭感人肺腑，那种真诚令人难忘。于是，大家不约而同地有了一种感觉：孺子可教也！

他的这部小说一炮打响，使他在文学界有了立足之地，结交了许多朋友。没过多久，你要是到布鲁姆斯伯里文人圈、坎普登山沙龙或威斯敏斯特俱乐部参加茶会，就一定会在那儿见到他，不是在向客人们递送黄油面包，就是在为一位年长的女士添茶加水，免得她拿着空茶杯局促不安。他是那么年轻，那么坦率，那么欢快，听见人家讲笑话总笑得那么开心，谁都无法不喜欢他。他参加各种聚餐会，和文人墨客、青年律师，以及身穿利伯蒂牌[①]丝绸衣、脖颈挂着珍珠项链的女士在维多利亚街或是霍尔本街的某家饭店的地下室里吃着三先令六便士一份的客饭，谈论文学和艺术。人们很快发现他在餐后演说上颇具才能。他待人和颜悦色，于是他的同行、他的竞争对手以及同龄人都乐于跟他相处，甚至没人计较他属于绅士阶层这一现实。他对新人的作品从不吝啬赞扬之词。每当对方送来手稿要他指点，他都会说查无瑕疵。因而，那些人便觉得他不仅心眼好，而且评价公道。

罗伊写了第二部小说，花费了很多心血，并且从前辈作家给他的指点中得益不少。罗伊和一家报纸的编辑取得联系，请几位老作家为该报纸写书评，书评自然是一堆捧场的话。他的第二部小说是成功的，但并没有成功到足以引起他的竞争对手的不快和痛恨。实际上，他们早就怀疑他的能力，觉得他决然写不出什么惊世之作，而这部作品证实了他们的感觉。他们认为罗伊人品不错，不搞小圈子什么的，既然永远不会爬到妨碍他们自身发展的高度，他们倒也愿意助他一臂之力。我就认识几个这样的人，他们回想起自己当时所犯的

---

① 利伯蒂是伦敦的一家著名的服装公司。

这种错误，只能苦涩地付之一笑。

但是，如果有人说罗伊夜郎自大，那他们就错了。罗伊始终十分谦虚——少时起，这就是他最招人喜欢的优点。

“我知道自己不是一个伟大的小说家，”他会这样告诉你，“跟那些文学巨匠相比，我简直渺小得不能再渺小了。我憧憬过，希望自己能写出一部传世之作，但老早我就歇了这个念头。我只想让大家说我尽力了，因为我的确在脚踏实地地工作，从不敢马虎大意，敷衍读者。我自以为还是能创作出引人入胜的故事，还是能塑造出栩栩如生的人物的。说到底，要想知道布丁的味道，尝一尝就知道了。我的《针眼》在英国销售了三万五千册，在美国销售了八万册。至于下一部小说的连载版权，我得到的利益之大是前所未有的。”

甚至时至今日，他还在给那些曾经为他写过书评的作者写信，感谢他们的赞扬，并请他们共进午宴——这不是谦虚，又能是什么呢？而且不仅如此：每当有人用尖酸刻薄的话评点他的作品（尤其是在他的名气已经非常大之后），让他不得不忍受恶毒的攻击，他可不像咱们大多数人那样，耸耸肩膀，心里暗暗咒骂一声那个不喜欢咱们作品的恶棍，然后就不往心里去了；他会修长书一封给那个批评者，说对方的批评叫他非常难过，接着便话锋一转，说批评归批评，却很有深意，如果让他说句心里话，对方的批评颇具真知灼见，表现出了深厚的文学修养，因而他必须得写下这封信。在信中，他表达了自己的殷殷之情，愿请高手赐教，以得寸进。他说自己不愿讨嫌，但假如对方星期三或星期五有空的话，愿请对方到萨伏依酒店[①]小酌，顺便讨教，恭请对方指出他的败

---

① 这家建于1889年的酒店被称为“伦敦最有名的酒店”。

笔之处。若论点酒点菜，谁都不及罗伊。一般说来，待那个评论家吃了六七只牡蛎和一块羊羔的里脊肉后，他就把自己说过的话也一块儿咽下肚去了。因而，等罗伊的下一部小说出版的时候，那个评论家啧啧赞叹这部新作大为改观也就是理所当然的了。

如果你跟某人曾经亲密无间，但后来你逐渐不再倚重这份情谊，于是如何了断就成了一大难题。如果双方地位都不太高，分道扬镳也就不会起风波了，彼此之间不会有什么恶感。然而，如果一方有了名望，局面就变得尴尬了。他结交了许多新朋友，而老朋友却成了甩不掉的包袱。尽管他忙得不可开交，老朋友却觉得他再忙也应该念及故交。如果他稍有轻慢，老朋友就会仰天长叹，耸耸肩说：

"唉，算啦，我看你也脱不了俗，一旦平步青云，就瞧不起故人了。"

如果他有跟故人绝交的勇气，他当然会这么做的，但十有八九他并无这种英雄气。于是他只好无奈地接受故交的邀请，在星期天的晚上去赴饭局。饭桌上有酒有肉，肉是从澳大利亚进口的冷冻烤牛肉，中午又烤了烤，烤得过了头；酒是勃艮第红葡萄酒（至于这葡萄酒为何有此名称，他们各有说辞）。难道他们没一起去博讷[①]旅游，一道住宿于邮政饭店？两位老友在一起回忆过去的悠悠岁月，说到在阁楼里分享干面包的情状，自然令人感慨万千。可是你一旦意识到眼下酒店的这个小隔间跟那个阁楼何其相似，就有点如坐针毡了。接着，你的老友开始诉苦，说他的作品没有销路，连短篇小说也找不到地方发表，而剧团经理对他写的剧本连看都不想

① 法国东部城市。

看上一眼，这些话头令你局促不安。而当他把他的剧本和正在上演的那些剧目加以比较的时候（这时，他用责备的目光瞅着你），那可真叫人有些受不了了。你窘迫极了，于是把目光转向别处，用夸张的语言讲起了自己所栽过的跟头，意在让他明白你也是尝尽了人间的辛酸才有了今日。论及你自己的作品时，你故作不屑，声称不值得一提，谁知你的老友也持这种观点，这倒叫你心头一惊。接下来，你谈到了读者大众，说他们的口味变幻无常，意在让他觉得你的名望不会持久，因而心里稍安。在评价你的作品时，他态度友好，但言辞很不客气。

“你最近出版的那本书我没有看过，”他说，“不过上一本却拜读了，只是把书名忘了。”

你把书名告诉了他。

“我对那本书相当失望，窃以为它实在比不上你的其他作品。当然，你知道我指的是哪一本。”

你以前也遇到过如此不堪的境况，于是一口说出了你的处女作的名字。你当时只有二十岁，那本书写得很粗糙，语言过于直白，处处看得出你是多么稚嫩。

“你再也写不出那么好的作品了。”他恳切地说。这使得你感到自从那次一炮打响后，你的写作生涯就开始走下坡路了。“我总觉得你始终没有充分发挥出你那时显露出的才华。”

这时，煤气取暖器暖烘烘地烤着你的两只脚，而你的两只手却冷冰冰的。你偷偷看了看手表，起身告辞，心里却害怕你的老友怪罪，嫌你才十点钟就要匆忙离去。你事前曾吩咐司机把车停在街道拐角等候，免得停在门口，以它的豪华气派衬托出老友的寒碜。谁知到了门口却听他说：

“这条街的尽头有一个公共汽车站，我陪你走过去吧。”

你顿时慌了神，只好承认自己有一辆汽车。他很奇怪司机为什么要在拐角那儿等你。你回答说这是那位司机的一种怪癖。走到车跟前时，你的老友看了看那车，神色宽容，摆出一副高高在上的架势。你心中忐忑，提出哪天请他吃饭，并许诺给他写信，然后就坐车走了。一路上，你反复盘算应该请他去哪儿吃饭才好——请他到克拉里奇饭店吧，怕他觉得你摆谱；请他去苏豪商业区[①]吧，又怕他认为你吝啬。

罗伊·基尔却从未有过这种骑虎难下的情况。他跟人交往，能利用就利用，不能利用了就一刀两断。这样说他未免太直截了当，但如果含蓄地叙述他的情况，或委婉或遮掩，或话只说三分或含沙射影，或语言诙谐或词语温和，那就太费时间了，归根结底事实就是这样，所以我觉得还不如直说的好。咱们大多数人对别人做了亏心事，总会迁怒于对方，认为是对方的过错。而罗伊心胸坦荡，绝不允许自己这般小肚鸡肠，所以他毫不客气地利用完一个人之后，不会怀有任何恶意。

“史密斯老伙计真可怜。”他会这么说，“他这人挺不错的，我非常喜欢他。只可惜他变得怨天尤人，真希望有谁能帮他一把。不，我有好几年都没见他了。旧日的友谊已成往事，要维持下去对双方来说都很痛苦。人生的聚合与分离乃是常事，唯有直面这一现实才对。”

可是，如果他在皇家艺术院的绘画预展这样的场合偶然碰到史密斯，谁都不如他热情。他会紧紧握住史密斯的手，

---

① 伦敦休闲商区之一，不仅有很多出色的餐厅、甜品店，还有不少酒吧、百货商店。

说他见到史密斯，心里简直太高兴了。他满脸笑容，流露出友好，宛若明媚的阳光。看到他如此热情和兴奋，史密斯不由大喜过望。而他又会非常得体地奉承史密斯，说史密斯的新作棒极了，自己实在难以望其项背。相反，如果罗伊认为史密斯没有看见他，就会故意把脸转开，假装没看见，而史密斯实际上却看见了他，便会大怒，觉得自己受到了轻视。史密斯有一张刀子嘴，说罗伊以前可不是这样，会乐颠颠地和他一起在一家寒碜的饭馆里分吃一份牛排，一起在圣艾夫斯[①]的渔民小屋里度假，一住就是一个月。于是，史密斯称他为趋炎附势的小人、见利忘义的市侩和满嘴谎言的骗子。

史密斯这就错了。阿尔罗伊·基尔身上最明显的特点就是他的真诚。若论骗人，谁的行骗生涯也不可能长达二十五年。虚伪固然可恶，然而要做到却是最困难、最让人精神紧张的，你必须时时刻刻保持警惕，容不得分心分神。它需要你付出全部时间，而不是像通奸或暴饮暴食那样可以在空闲时间进行。除此之外，它还需要你具备一种玩世不恭的幽默。罗伊虽然老是笑呵呵的，但我却从不觉得他幽默感强，也坚信他不具备玩世不恭的能力。他的小说我虽然几乎连一本都没有通读过，但好几本开篇的头几页还是看过的。我觉得那些厚本书的每一页都留有“真诚”的烙印，显然为他名气的长盛不衰奠定了稳固的基础。罗伊总是真诚地相信时人所共有的观点。在创作有关贵族阶层的小说时，他真诚地相信这个阶层的成员都花天酒地、生活放荡，然而他们却具有适合

① 位于英国西南端的康沃尔，是英国当地人很偏爱的海滨小镇，也是远近驰名的冲浪胜地。

于统治大英帝国的某种高贵之处和天生的才干；后来，他把中产阶级作为写作题材的时候，又真诚地相信他们是国家的栋梁。他笔下的恶棍总是那么邪恶，他笔下的英雄总是那么英勇，他笔下的少女总是那么贞洁。

他邀请为他写过吹捧书评的作家吃饭，只是因为他要真诚地表示谢意，感谢对方对他的好评；邀请攻击过他的作家吃饭，则是因为他真诚地想自我完善，更上一层楼。素昧平生的崇拜者纷纷来到伦敦，有来自美国得克萨斯州的，有来自澳大利亚西部的，他带着他们去参观国家美术馆，不只是为了提升他的公众形象，而且是因为他真诚地想看看他们对“艺术”有什么样的反应。你只要听一听他的演讲，就会对他的真诚深信不疑了。

他登台演讲时，会穿一身晚礼服，煞是潇洒，要么就穿一身穿旧的但剪裁得体的宽松便服，很是应景。他神情严肃而坦率地面对听众，一副虚怀若谷的架势，让你不由自主地觉得他是那么诚恳，那么投入。他时不时会略作停顿，摆出一副想不起来某个词的样子，其实那只是为了能让这个词说出口时产生掷地有声的效果。他声音洪亮而浑厚，演讲的内容娓娓动听，绝不会叫你感到枯燥乏味。他喜欢将英美年轻一代作家作为话题，对听众大谈他们的成就，其情慷慨激昂，大显他海纳百川的豁达。也许他的介绍过于详细，因为你听完他的演讲，就会觉得对那些作家已了然于胸，想知道的都知道了，大可不必看他们的书了。大概就因为这个，他每到一地做演讲，凡是他所提到的作家之作品，连一本都难以卖出，而他自己作品的销售量却在稳固上升。他精力过人，不仅美国的巡回演讲大获成功，也在英国各地来回讲学。俱乐部不分规模大小，文学学会不论层次高低，凡有所请，他必亲临演讲。他会不时对演讲稿做出修改，然后把它们汇编成漂亮的小册子出版。大多数关注者至少都翻阅过名为《现代小说家》《俄罗斯小说》和《一些作家的评介》之类的论著。几乎没有人能否认这些作品显示出了作者对文学的真实情感和他令人倾倒的个性。

不过，罗伊的活动远远不止于此。他还积极参加各种组织——这些组织成立的目的是给作家谋利益，在年老或多病的作家贫困潦倒、生活艰辛时伸出援手。每逢立法涉及版权问题，他总是乐意给予帮助；每逢为了在不同国籍的作家间建立友好关系而需要派代表团出国，他总能随叫随到，欣然参加。在公众宴会上，凡有人问及文学方面的问题，总是由他答疑释惑。只要有海外文学界名人来访，筹办欢迎仪式的小组里必有他的身影。每一次义卖，场上总是至少有一本他亲笔签名的作品。对于记者的采访，他有求必应。他会很义气地说：玩笔杆子这一行之艰辛他比谁都了解，如果和一个为生存而奋斗的记者敞开心扉谈谈话，就可以让这位记者挣几个几尼[①]糊口的钱，他何乐而不为——倘若拒绝，那就太没有人性了。凡是来采访他的记者，他一般都会请对方吃顿饭，几乎每次都给对方留下良好的印象。他只有一个要求：采访稿发表前要先给他看一下。有些记者为了给报纸读者提供小道消息，往往在很不适宜的时候给名人打电话采访，问他们信不信上帝，或者他们早饭吃什么。对于这类记者，他历来都十分有耐心。每一场座谈会他都会现身，让公众了解他怎样看待禁酒、素食主义、爵士乐、大蒜、运动、婚姻、政治以及妇女在家庭中的地位等。

---

① 价值二十一先令。

他对婚姻的看法很抽象——好些艺术家都发现鱼和熊掌不可兼得，要想激情满怀地追求事业的成功，就不会有幸福的婚姻，而他却避开了这个尴尬的难题。大家都知道他多年来对一位有身份的已婚女子很痴情，虽没有什么希望，但爱意不改。一提起那女子，他就含情脉脉，流露出仰慕之情。但大家都知道那女子对他则是冷若冰霜。他经受的这种煎熬在他中期的小说中有所反映，那时的笔调异常苦涩。正因为有了这番精神磨难，他才能在不得罪对方的情况下躲开那些没有什么名望的女人的纠缠——那些女子在上流社会备遭冷落，仅仅是一种点缀而已，只要能跟一个功成名就的小说家结婚，过上安稳的日子，她们一百个情愿结束目前飘忽不定的生活。每当他看见女人们明亮的眸子里出现渴望结婚的眼神，他就会说自己的那一次爱恋太让人痛苦，而痛苦的回忆令他无法和任何人结百年之好。他的这种痴情无异于是给对方泼冷水，然而却不会得罪人。每当想到自己恐怕永远也不会享受小家庭的天伦之乐，不会享受做父亲的满足感，他总不免会微微叹一口气。然而，他愿意做出这种牺牲，不仅仅是为了追求理想，也是为了有可能成为他终身伴侣的女子而考虑。他早就注意到人们其实并不想同作家和画家的妻子打交道。凡是不论上哪儿总坚持要带妻子的艺术家只会招人嫌，遭受冷落，少有人邀请他去他心仪的地方。如果结了婚却不带妻子，就会祸起萧墙，他一回家就会有口舌之争，破坏家里的安宁——这种安宁对创作而言是至关紧要的。因而，阿尔罗伊·基尔始终单身，虽到了知天命之年，却仍无婚娶之意。

他是作家所效仿的榜样，凭着勤奋努力、人情练达、诚实，以及将手段和目的有效地融为一体取得了成功，达到了非凡的高度。他是一个好人；除了那种性格乖戾、吹毛求疵的人，谁都不会妒忌他的成功。我有一种感觉：脑海里想着他，夜里就一定能睡个好觉。想到此处，我草草地给费洛斯小姐写了一张便条，将烟斗里的烟灰磕出来，关了起居室的灯，上床睡觉去了。

第二章

次日晨，我按铃要费洛斯小姐把我的信件和报纸送来，她还顺便给我带来一张便条，那是答复我给她留的那张便条的，说阿尔罗伊·基尔先生当天下午一点一刻在圣詹姆斯街[①]他的俱乐部恭候我。于是，快到一点钟的时候，我先漫步到自己的俱乐部去喝了一杯鸡尾酒，因为我心里有数，罗伊是不会请我喝鸡尾酒的。随后，我顺着圣詹姆斯街走去，悠闲地看着沿街的橱窗，暗忖自己还有几分钟的时间可以消磨（这次赴约，我不想太准时）。后来，我信步走进了克里斯蒂拍卖行[②]，看看有什么我喜欢的玩意儿。拍卖已经开始了，一群皮肤黝黑、身材矮小的人正在传看几件维多利亚时代的银器，拍卖商用厌烦的目光瞅着他们的手势，瓮声瓮气地嘟哝道："有人出十个先令，十一个先令，十一个先令六便士……"这是六月初的一个晴朗的日子，国王街上阳光明媚，相形之下，克里斯蒂拍卖行墙上挂的那些画显得灰蒙蒙的。我走出拍卖行，见街上的行人都悠然自得，仿佛这一天闲适的气氛渗入了他们的灵魂，使得他们在百般忙碌中蓦然醒来，出乎

---

① 圣詹姆斯街是贵族"俱乐部区"，汇集了各式高端工艺和定制设计作品。

② 即佳士得拍卖行，世界著名艺术品拍卖行之一。

意料地产生了一个念头，想停下匆匆的脚步，欣赏欣赏生活的美景。

罗伊的俱乐部一片寂静，前厅里只有一个年老的看门人和一个侍者。我突然感到一阵忧伤，有种会员们都去参加侍者领班的葬礼的感觉。我对侍者报了罗伊的名字，他便将我领进一条空荡荡的走道，让我放下帽子和手杖，然后又把我领进一个空荡荡的大厅，大厅的墙上挂着一些和真人一样大小的维多利亚时代政治家的肖像。罗伊从一张皮沙发上站起来，热情地和我打招呼。

“咱们直接上楼，好吗？”他说。

我果然猜对了，他不会请我喝鸡尾酒，我不由为自己有先见之明深感得意。他领我走上一段铺着厚地毯的很气派的楼梯，路上一个人都没有碰到；接着我们走进了接待来宾的餐厅，那儿别无其他食客。餐厅相当宽敞，也十分干净，墙壁粉得雪白，有一个亚当式[①]的窗户。我们在窗前落座，一个举止庄重的侍者送上来一份菜单，上面有牛肉、羊肉、羔羊肉、冷冻鲑鱼、苹果馅饼、大黄馅饼、醋栗馅饼。眼睛浏览着这份千篇一律的菜单，我叹了口气，不由想到了街角处的那些饭馆，那儿有法式饭菜，热热闹闹，充满了生机，身穿夏季衣裙、涂脂抹粉的漂亮女郎穿梭来往。

“我推荐这儿的小牛肉火腿馅饼。”罗伊说。

“好吧。”

“我自己来拌沙拉。”他用随便却威严的口气对侍者说，接着又把目光移到菜单上，慷慨大方地说：“再来点儿芦笋怎

---

① 苏格兰建筑师罗伯特·亚当研究了古罗马以及文艺复兴时期的古典遗迹，回国后在建筑与家具设计领域掀起了复兴古典风格的热潮，这种设计风格被称为“亚当式”。

么样？”

“那太好了。”

他的举止变得更神气了些。

“两份芦笋，告诉厨师长，叫他亲自选料。你喜欢喝点什么？来一瓶莱茵白葡萄酒怎么样？我们都很喜欢这儿的莱茵白葡萄酒。”

我表示同意，于是他就吩咐侍者去把酒管家找来——他发布命令时的语气不容置辩却又彬彬有礼，令我不胜敬佩。你会觉得那派头俨然一个有教养的国王在向自己的陆军元帅发号施令。已经发了福的酒管家急匆匆跑了来，一身黑色的衣服，脖子上挂着酒管家的那种银链，手里拿着酒单。罗伊冲他点点头，神情傲慢却又亲切，开口说道：

“你好，阿姆斯特朗，给我们来点二一年的圣母之乳[①]。”

“好的，先生。”

“这酒供应得怎么样？相当不错吧？要知道，以后再也搞不到这种酒了。”

“恐怕是这样的，先生。”

“不过，也用不着过早地担心，你说是不是，阿姆斯特朗？”

罗伊冲酒管家莞尔一笑，笑得轻松愉快。酒管家长期和这些俱乐部成员打交道，知道这时必须给予肯定的回答。

“是这样的，先生。”

罗伊哈哈大笑，眼睛瞄着我，似乎在说这个阿姆斯特朗真是个妙人。

---

① 圣母之乳是一种半甜的德国莱茵白葡萄酒。这个词最初的德语拼写为 Liebfrauenmilch，指的是十八世纪以来莱茵兰－普法尔茨州沃尔姆斯市圣母教堂的葡萄园生产的葡萄酒。

“好吧，把酒冰一下，阿姆斯特朗。不过别太冰，你知道，应该恰到好处。我想让我的客人瞧瞧咱们这儿料理酒的本事。”罗伊说到此处，把脸转向了我，“阿姆斯特朗在我们这儿已有四十八年了。”等到酒管家走了之后，他继续说了下去，“请你来这儿小酌，希望你别介意。这儿安静，咱们可以好好谈谈。咱们好久没在一块儿交谈了。你看上去身体不错。”

这句话使我也注意起他的外表来。

“比你可差远了。”我答道。

“这是修身养性、清心寡欲、虔诚做人的结果。”他大笑道，“也是勤奋工作、大量运动的结果。咱们打打高尔夫球怎么样？你我哪天应该较量一场。”

我知道罗伊只是随便说说——他哪里有心情把一天时间浪费在我这么一个只有半瓶子醋的高尔夫球选手身上，跟我较量？不过，他的邀请含含糊糊，我觉得就是接受了也没什么大不了的。他看上去简直健康极了，卷曲的头发尽管已经开始花白，但对他来说却很相配，加上一张直率、被晒黑的脸膛，显得很年轻。他那双眼睛既明亮又清澈，看人时流露出坦荡、真诚的神色。他不像年轻时候那样身材修长了，所以侍者要给我们送来小圆面包时，他要了黑麦面包，我也就不感到意外了。他那略胖的体态其实只增加了他的庄重感，赋予他的言谈好几分分量。他的举止比过去更显得从容不迫，使你不由得对他产生一种信任。他坐在椅子上，安稳如大山，给你一种印象：他那是坐在一座纪念碑上。

不知是否如我所期望的，以上描写他和侍者的对话让读者了解到：他的谈吐虽然并非宏论或妙语，却流畅自如；他总是开怀大笑，叫你产生一种错觉——他讲的话很幽默。他从未有过缺乏话头的尴尬，怡然自得地谈天说地，令听者全无一丝局促感。

许多作家都有一种坏习惯，特别讲究对语言的推敲，跟人交谈也斟词酌句，十分小心，就连无意中说出的话也是不多不少。这种习惯使不少上层社会的人望而却步，不敢和他们交往，因为上层社会的人精神生活贫乏，词汇有限。跟罗伊交往却不会有这种窘迫。他跟人谈话，用的完全是对方能听得懂的语言：跟爱跳舞的卫兵就用舞场上的语言，跟爱赛马的伯爵夫人就用马夫的语言。和他说过话的人提起他都很激动和快慰，说他一点也不像作家那么作态。罗伊最乐意听到这样的恭维。聪明人总用现成的词语（目前，我写作时最常用的是“无可奉告”）、流行的形容词（如“美妙绝伦”或“叫人脸红”）以及生活在某个特定圈子里的人才理解的动词（如“推搡”）。这些词语使闲谈显得特别亲切，没有什么拘束，也不必动什么脑筋。美国人是世界上效率最高的人，他们把谈话艺术发展到了巅峰，创造出了一大批简洁易懂、平平凡凡的词语，与人谈话时信手拈来，妙趣横生，不必搜索枯肠地寻思该说什么好，如此便可以将心神分给大宗生意、钻穴逾墙这类重大事务。罗伊词汇量丰富，随机应变从无差错。他的言语铿锵，又不失分寸，每每说话总是神采飞扬，语气热切，仿佛他智慧无穷，出口即成章。

这当儿，他海阔天空地跟我谈起了我们共同的朋友，谈起了新书和正在上演的歌剧，心情显得十分愉快。他对人历来都很亲和，但今天却亲和得令我错愕。他先是以遗憾的语气说我们见面见得太少了，接着又推心置腹地（这是他最讨人喜欢的一项优点）说他多么喜欢我，对我多么佩服。我感到受宠若惊，觉得绝不能辜负了他的友情。他关切地问起我正在写的书，我也问了问他正在创作的作品，二人随即便哀叹说我们俩谁也没有得尝所愿，获得真正的成功。我们吃着小牛肉火腿馅饼，罗伊介绍起了他调拌沙拉的经验。我们一边喝着莱茵白葡萄酒，一边还津津有味地咂着嘴。

而我心里却在纳闷，不知他什么时候会谈到正题。

我无法相信在伦敦社交活动最繁忙的季节，阿尔罗伊·基尔会愿意浪费一个小时在一个既不是评论家又在任何方面都不具有影响力的同行作家身上，只是为了谈论马蒂斯[①]、俄国芭蕾舞以及马塞尔·普鲁斯特[②]。而且，在他谈笑风生的背后，我心里却有一丝隐忧。若非知道他正处于顺风顺水的境地，我还真担心他会问我借一百英镑呢。看来这顿饭还算风平浪静，就是吃完他也找不到机会将压在心头的话说出来了。我知道他为人谨慎，暗忖他也许认为我们俩许久没有见面，最好先叙友情，并把这顿愉快气氛下吃的丰盛的午饭只看作一个诱饵罢了。

“咱们到隔壁去喝杯咖啡好吗？”他说。

“客随主便。”

“我觉得那儿要舒服些。”

我跟着他走进另一个房间，那儿比餐厅宽敞多了，里面有一些很大的皮扶手椅和很大的沙发，桌上放着一些报纸和杂志。两个老年人坐在一个角落里低声交谈着。他们不大友好地瞥了我们一眼，但是罗伊并没有踌躇不前，而是热情地

---

① 亨利·马蒂斯（Henri Matisse，1869—1954），法国著名画家、雕塑家，野兽派创始人。

② 马塞尔·普鲁斯特（Marcel Proust，1871—1922），二十世纪法国最伟大的小说家之一，意识流文学的先驱与大师。代表作为长篇小说《追忆似水年华》。

向他们打了招呼。

“你好，将军！”他大声喊道，并轻松愉快地向那边点了点头。

我在窗前站了一会儿，欣赏着气氛欢快的街景，不由心生惭愧，真希望自己多知道一些圣詹姆斯街的历史背景——我甚至连街对面那家俱乐部的名称都不知道，又不敢问罗伊，怕他会鄙视我，因为那家俱乐部但凡体面人是都知道的。思忖间，罗伊把我叫了过去，问我要不要在喝咖啡的时候再来一杯白兰地。我谢绝了，他却坚持要我喝上一杯，说这个俱乐部的白兰地很有名。我们走到样式典雅的壁炉旁，在一张沙发上肩并肩坐下，点着了雪茄。

“爱德华·德里菲尔德上次来伦敦，和我在这儿吃了一顿饭。”罗伊口气很随意地说道，“我要老头儿尝了尝我们这儿的白兰地，他喝了很是开心。上个周末，我还去了他家拜访他的遗孀呢。”

“是吗？”

“她多次问到你来着。”

“真谢谢她，我还以为她不记得我了。”

“噢，记得，她记得你呢。大约在六年前吧，你在他们家吃过饭，对不对？她说老头儿见到你很是高兴哩。”

“可我觉得她并不高兴。”

“错了，这你就说错了。当然喽，她是太谨慎了些，不过这也是迫不得已——慕名而来者太多，搅扰老头子过甚，她得为丈夫考虑，让他节省点气力。她总怕他过分劳累。你只要想想她竟然叫老头子活到了八十四岁高龄，而且始终神志清醒，岂不奇哉。老头子去世后，我常去看她——她非常孤独。不管怎么说吧，她任劳任怨地服侍了丈夫整整二十五年呀。要知道，这可是奥赛罗[①]一般的情谊，我真为她感到难过。”

“她还比较年轻。我敢说她还会再嫁人的。”

“唉，不会的，她不会再嫁人了。实在令人伤感。”

说到这里，我们停顿了一下，各自呷了一口白兰地。

“在德里菲尔德成名前就认识他的人如今在世的已屈指可数，你大概也是其中的一个。那时候你是经常见他的，是吧？”

“是见过不少次面。那时我差不多还是个毛孩子，而他已经是中年人了，所以难成心腹之交。”

“也许是吧。不过，你一定知道不少关于他的鲜为人知的事情。”

“我想是这样的。”

“你有没有考虑过为他写一部回忆录？”

“天哪，这可没有！”

“你不觉得应该写一下吗？他是咱们这个时代最了不起的小说家之一，也是维多利亚时代最后一位小说家，不愧为文学泰斗。在这一百年中，数他的小说最有可能流芳百世。”

“我持怀疑态度——我总觉得他的小说相当乏味。”

罗伊望着我，眼睛里含着笑意。

“你未免太武断了！不管怎么说，你得承认持此论者毕竟是少之又少。实不相瞒，他的书我看了不止一两遍，而是六七遍，越看越觉得写得好。他去世时评论他的那些文章你有没有看过？”

“看过几篇。”

---

① 莎士比亚悲剧《奥赛罗》中的主人公，深爱自己的妻子。

“评论人的看法惊人地一致，反正我是每一篇都看了。”

“如果内容都一样，还有必要每一篇都看吗？”

罗伊心平气和地耸了耸他那宽阔的肩膀，并没有回答我的问题。

“我觉得《泰晤士报文学副刊》上的那篇文章写得棒极了，要是老头子的在天之灵看了不知会有多高兴呢。听说《评论季刊》下一期还要刊登几篇这样的文章。”

“我仍然认为他的小说味如嚼蜡。”

罗伊宽容地笑了笑。

“你的看法和所有举足轻重的评论家的观点相左，你不觉得自己的内心会有所不安吗？”

“没什么不安的。我至今写作已经有三十五年之久了。你都不知道我目睹了多少人被捧为天才，享受了一时的荣耀，然后就湮没无闻了。我真想知道这些人后来都怎么样了。死了，被关进了疯人院，还是避世不想见人了？也许他们现在隐居于某个偏僻的小村庄，只是将自己的书拿给村医和村姑看看罢了。或者，他们在意大利养老院颐养天年，在那儿仍算得上是大人物。”

“哦，不错，这些都是昙花一现的人物。我见过这样的人。”

“你还做过有关他们的演讲哩。”

“那是免不了的。只要办得到的话，总该帮他们一把，即便明知道他们再无出头之日也应该如此。说到底，为人还是厚道点好。不过，万万不能将他们跟德里菲尔德相提并论——德里菲尔德作品的全集共有三十七卷，他的最后一套全集在苏富比拍卖行[①]卖了七十八英镑。这本身就说明

① 世界上最古老的拍卖行，1744 年成立于英国伦敦。

了问题。他的书的销售量每年稳步增长，去年是销售量最多的一年。这一点你可以相信我。上次我去拜访德里菲尔德夫人，她给我看了他的稿费收入清单。德里菲尔德的地位已成定局。”

“谁能说得准呢？”

“是吗？你不是觉得你能说得准嘛。”罗伊尖刻地答道。

我并没有生气，情知惹恼了他，心里反而感到很愉悦。

“我年少时曾出于直觉对文学有所判断，如今想来并无差错。那时，人人都说卡莱尔是个伟大的作家，这叫我感到惭愧，因为我觉得他的《法国革命史》和《衣裳哲学》简直让人读不下去。现在还会有人读他的这些作品吗？我原以为别人的观点总比我的高明，于是便违心地承认乔治·梅瑞狄斯[1]是出类拔萃的作家。我觉得他矫揉造作，措辞啰唆，缺乏诚意。而今，持此观点者大有人在。那时人云亦云，都说瓦尔特·佩特[2]的作品了不起，唯有能欣赏他的作品的人才是可塑之才，于是我就拜读了他的作品。可是老天知道，他的《马利乌斯》真能把我烦死！”

“哦，不错，现在大概没有人读佩特的作品了，梅瑞狄斯的作品当然也已经过时了，而卡莱尔只是一个自命不凡、夸夸其谈的人。”

“你不知道，三十年前他们可都是风云人物，看上去注定会流芳百世的。”

“难道你从来没有看走眼过吗？”

---

① 乔治·梅瑞狄斯（George Meredith，1828—1909），英国维多利亚时代的小说家、诗人。

② 瓦尔特·佩特（Walter Pater，1839—1894），英国著名文艺批评家、作家。

"看走眼倒是有过一两次。我过去觉得纽曼[①]的作品并不怎么样，而今却对其刮目相看；那时菲茨杰拉德[②]那读起来音韵铿锵的四行诗让我崇拜有加，现在却不那么认为了；当时的我觉得歌德的《威廉·迈斯特》简直读不下去，而现在却认为那是他的扛鼎之作。"

"那么，有哪些作品是你当时很欣赏，如今依然非常看重的呢？"

"有《项狄传》[③]、《阿米莉亚》[④]和《名利场》[⑤]、《包法利夫人》[⑥]、《巴马修道院》[⑦]和《安娜·卡列尼娜》[⑧]。另外还有华兹华斯、济慈和魏尔伦的诗歌。"

"有句话说了请别见怪：这恐怕也不是你的一人之见。"

"我一点也不在意，这的确不是什么独到的观点。不过，你刚才问我的是为什么以为自己的判断是正确的，我只是解释解释罢了。我的解释是，以前不管是出于怯懦还是为了表示对知识界的尊重，我的确说过一些赞扬某些作家的话，但实际上对一些大家都推崇备至的作家并不以为然，后来的事实证明我是对的。而当时我出于真心和本能推崇的作家经受住了时间的考验——我和评论界的主流均持这种观点。"

罗伊半天无语，只是望着杯底，不知道他是想看看杯里

---

① 约翰·亨利·纽曼（John Henry Newman，1801—1890），英国神学家。

② 爱德华·菲茨杰拉德（Edward Fitzgerald，1809—1883），英国作家、翻译家。

③ 英国小说家劳伦斯·斯特恩的作品。

④ 英国小说家菲尔丁的作品。

⑤ 英国批判现实主义作家威廉·梅克比斯·萨克雷创作的长篇小说。

⑥ 法国作家福楼拜创作的长篇小说。

⑦ 法国作家司汤达创作的长篇小说。

⑧ 俄国作家列夫·托尔斯泰创作的长篇小说。

还有没有咖啡，抑或在寻思该说什么好。我瞥了一眼壁炉台上的座钟，觉得再过一会儿还是起身告辞的好。也许我是以小人之心度君子之腹，认为罗伊有求于我，岂不知他请我吃饭只是想闲谈罢了，谈谈莎士比亚和玻璃碗琴[①]什么的。我暗暗责备自己不该对他抱有那般刻薄的想法。我关切地看着他，暗忖如果这真是他请我吃饭的唯一目的，那一定是他累了，或心情不好，想放松放松。然而，他见我在看座钟，便开口说道：

“一个人笔耕不辍达六十年之久，写了一本又一本书，名声长盛不衰，必定有非凡之处，我不明白为何你能视而不见。不管怎么说，德里菲尔德的作品已经被译成了各个文明国家的文字，译本摆满了弗恩大宅的书架。当然我也承认，他写的许多作品现在看来有点儿过时了。他崛起于一个艰难的时期，作品难免有叠床架屋之感，故事情节多古怪离奇，但有一个优点不容否认，那就是美。”

“是吗？”我说。

“说到底，只有这一点是最重要的，德里菲尔德作品的每一页上都洋溢着美。”

“是吗？”我说。

“他过八十岁生日，我们请人为他画了一幅肖像送给他，那场面真是令人难忘。只可惜你不在场。”

“我从报纸上看了报道。”

“要知道，为他庆生的不止有作家，还是一个精英的大集会，有科学家、政治家、商界大亨、艺术家以及社会名流。精英们乘火车而来，云集于黑马厩镇火车站，此情此景实在

① 由几个盛着水的玻璃碗按音阶的不同组成的乐器。

难得一见。最叫人感动的是，首相大人把一枚功绩勋章授给了老人家，他当场发表了感人肺腑的讲话。实不相瞒，许多人都被感动得热泪盈眶。”

“德里菲尔德哭了吗？”

“没有，他非常镇定，就和平时一样，有些不好意思，举止平静，表现得非常有礼，感激自然是很感激，然而表情却有点儿淡漠。德里菲尔德夫人怕他太累，所以我们去吃饭的时候就叫他留在书房里，而她用托盘送了点东西给他吃。大家喝咖啡的时候，我溜出来跑去看他。他正抽着烟斗，瞅着我们送给他的那幅肖像画出神。我问他觉得画得怎样，他不肯说，只是微微一笑。他问我是否能让他把假牙取下来，我说不可以，因为代表团一会儿就要进来向他告别。随后，我问他是否觉得这是一个美好的时刻。他的回答则是：‘奇哉，怪哉。’我想他一定是糊涂了——一个耄耋老人，吃饭狼狈，抽烟也狼狈，装烟斗时把烟丝撒得满身都是。德里菲尔德夫人不愿意让大家看见他这样子，当然她是不怕我看见的。我替他把衣服整理了一下，接下来他们都进来和他握手告别，随后我们就都回伦敦去了。”

我起身说：

“哦，我真的该走了。今天见到你非常高兴。”

“我正要上莱斯特画廊[①]去看一个画展的预展。我认识那儿的人。要是你愿意的话，我可以带你进去。”

“谢谢你，我也收到了一张请柬。不去了，我就不去了。”

我们走下楼梯，我拿了帽子。来到外边，我举步朝皮卡迪利大街那个方向走，却听罗伊说道：

---

① 莱斯特画廊成立于1902年，专门展示英国和法国现代艺术家的作品。

“我陪你走到那头。”他紧走几步赶上我，劈头问道：“你认识他的头一位夫人，是吗？”

“谁的头一位夫人？”

“德里菲尔德的。”

“噢！”我已把德里菲尔德抛在了脑后，这时便仓促地应了一声，“是的。”

“熟吗？”

“相当熟。”

“我想她这人一定很招人嫌。”

“我没这个印象。”

“她一定粗俗得不得了。她是个酒吧女招待，是吗？”

“是的。”

“我真不知道他究竟为什么要娶她。我一直听说她对他非常不忠。”

“是非常不忠。”

“你还记得她长什么样吗？”

“记得，记得非常清楚，”我笑着说，“她很好看。”

罗伊只是短促地哈哈一笑，道：

“一般人可不是这个印象。”

我没有回答。说话间，我们已经走到了皮卡迪利大街。我站住了脚，把手伸给罗伊。他握了握我的手，我却觉得他没有了平时的那种热乎劲儿，心想他可能是对这次会面有点失望吧，只是不明白其中的缘由。如果他有求于我，又一星半点儿暗示都没有，我怎么能为他效力？我边思忖，边缓步从丽兹大饭店的拱廊下走过，又沿着公园的栅栏走去，一直走到半月街的对面。我心中纳闷，不知道自己是不是言语欠妥，有些咄咄逼人。反正有一点很明显：即便罗伊想请我帮忙，他也觉得眼下时机不成熟。

皮卡迪利大街车水马龙，非常热闹，我走上半月街后，相比之下便觉得半月街十分宁静，令人心旷神怡。此处既幽静，又显得很体面。这里的房屋多为租屋，然而却不是草草地挂一张招租牌便了事，而是高悬一块擦得锃亮的铜牌，就像医生诊所的铜牌一样，上书"出租"二字，抑或将此二字用彩笔端端正正写于气窗之上。有几家房主特别慎重，只写出了自己的姓名，如果你不知道端的，很可能会错以为那是一家裁缝铺或是一家当铺呢。杰明街[①]也多有房屋出租，车辆多，人流如梭，而这里车少，此处或彼处会看见某家门口停放着一辆漂亮的小汽车，也没人看管，偶尔也会看见一辆出租汽车开到一户人家的门口，从车上走下一位中年女士。你会有一种感觉：这儿的租户跟杰明街的租户大不相同——杰明街的租户都是些对酒当歌，过着纸醉金迷生活的人，他们喜欢出入于赛马场，饮酒饮得酩酊大醉，次日晨一起来，尽管头痛欲裂，还要讨酒喝，说是要以毒攻毒，而这里的租户则多是乡间体面人家的女眷，来伦敦参加社交季的活动，在此处暂住六个星期，抑或是精英俱乐部年老的会员。你会觉得这些人年复一年地都租住同一幢房屋，只是因为他们熟悉房主（也许他们在房主做佣工的时候，就和房主有了交情）。我的房主费洛斯小姐就曾在大户人家当过厨娘。不过，你要是看见她上牧羊人市场去买东西的派头，是根本猜不出她过去的身份的。她不像一般人想象中的厨娘那样矮胖结实、脸色红润、衣冠不整，而是身材瘦长、腰板笔直、衣着整洁入

① 位于伦敦市中心，是一条特色商业街，也因销售男士用品而被称为"男人街"。

时。已入中年的她神情坚毅，嘴上涂着口红，戴着单片眼镜。她做事有条不紊，言语不多，常带着冷冷的嘲讽神情，出手很是阔绰。

我住在楼房的底层，客厅的墙上糊着旧时的大理石花纹纸，挂着几幅水彩画，画的都是浪漫的场景：有骑士在向他们的情人告别的场面，也有古代的武士在宏伟的大厅里欢宴的场面。屋里摆着几个花盆，花盆里栽着巨大的蕨类植物，扶手椅上的皮革已经褪色。房间里到处弥漫着十九世纪八十年代的气息，让人感到有趣。看看窗外，你会看到一辆私人双轮马车，而非克莱斯勒牌汽车。窗户上挂的是厚厚的红棱纹平布窗帘。

第三章

那天下午，我有很多事情要做。然而，一想到跟罗伊的谈话，一想到前天那纷繁的回忆，我虽然还不算老，心里却油然产生了一种怀旧感。不知为什么，我一走进这个房间，一种无比强烈的情绪便左右了我，使我的思绪飘向了过去。倏忽间，曾在此处住过的租户仿佛一下子都涌现在了我眼前，各个时期的都有，举止古怪，穿着异样：男的蓄络腮大胡子，穿长礼服大衣；女的穿长裙，裙子上镶着荷叶边，里面带有裙撑。不知是我的想象，还是我当真听到了伦敦喧闹的市声（我住的房子在半月街的街头）。这种市声以及六月天那阳光明媚的美景（le vierge, le vivace et le bel aujourd'hui[①]）给我的遐想添了几分酸楚但并非哀伤的感觉。于此，眼前涌现出的那些过去的场景就不那么真实了，仿佛成了古装戏里的情景，而我则坐在昏暗看台的后排观看。不过，从那儿看戏倒是看得很清楚。那一幕幕场景不似生活本身那样云遮雾罩，各种印象源源不断出现，叫你模糊难辨，而是清清楚楚、明明朗朗的，宛若一位苦心孤诣的维多利亚时代中期的画家精心创作的风景油画。

① 法语：纯洁、活泼、美丽。此为法国诗人马拉美《天鹅颂》的首行。

我认为现在的生活比四十年前的生活要有趣，而且心里还有一种感觉，那就是现在的人也比那时的人和气。也许，那时的人更为可敬，有着更深厚的德行以及更渊博的学识。这是我听说的，不知道是不是真的。我只知道他们比现在的人脾气要坏，暴饮暴食，有许多都是酒鬼，极度缺乏运动。他们的肝脏都有毛病，消化不良是常见的现象，动辄便要发火。我说的不是伦敦人，因为我以前对伦敦人一无所知，直到长大后才有了一些了解。我说的也不是那些喜欢打猎、射击的达官贵人，而是乡下人，是乡下的小人物，是家有薄产的绅士、牧师、退休官员以及诸如此类的人（正是这些人构成了当地的社会群体）。这些乡下人生活得很沉闷，沉闷得简直有点匪夷所思。那儿没有高尔夫球场，一些人家倒是有网球场，保养得却很差，而且打球者都是些小青年。村镇的集会厅里每年只举办一次舞会；有马车的人家下午倒是可以坐车出去兜兜风，其他的人只好“散步遛弯”！你尽可以说他们有所想便有所乐，并无遗憾，而且他们自得其乐，偶尔会彼此相邀举办小型宴会（边吃茶点，边奏乐唱歌，高唱莫德·瓦莱里·怀特[①]和托斯蒂[②]的歌曲）。在那儿的日子过于漫长，漫长得叫人烦躁。人们虽为近邻，却常有龃龉，即便天天在镇上见面也视而不见，长达二十年互不搭理。他们爱好虚荣，十分固执，行为乖张，其古怪性情可能是因为生活环境的影响而形成的。他们不同于今人，靠着癖好有了一点小小的名声，但着实难以相处。今人或许粗疏草率，但彼

① 莫德·瓦莱里·怀特（Maude Valérie White，1855—1937），法国裔英国作曲家。

② 弗朗切斯科·保罗·托斯蒂（Francesco Paolo Tosti，1846—1916），意大利作曲家。

此之间不会心存块垒和猜忌；今人或许鲁莽、缺乏风度，然而却待人友好，大有互谅互让之风，决然不似他们那般脾气乖戾。

那时候，我跟叔叔、婶婶住在肯特郡海边一个小镇的郊外。这个小镇的名字叫黑马厩镇，叔叔是那儿的教区牧师。我婶婶是德国人，出身于一个非常高贵但已没落的家族，给叔叔带来的唯一嫁妆是一张她的某个祖先在十七世纪定做的带有嵌花饰面的书桌和一套平底玻璃酒杯。我到他们家的时候，那套酒杯已只剩下了几个，都放在了客厅里当装饰品。我很喜欢深深雕刻在那些杯子上的很贵气的盾形纹章。婶婶曾耐心地给我介绍过那些纹章，但我至今都不知道那些杯子上究竟刻了多少，只记得持盾者威风凛凛，王冠上高高耸起的顶饰颇具浪漫色彩。婶婶年岁已高，生活俭朴，性情温和，乐善好施。虽然她嫁给了一个收入低微且几乎无其他进项的穷牧师，在一起生活了三十多年，然而她始终没有忘记自己hochwohlgeboren[①]。一次，伦敦来了个有钱的银行家，租下了邻居的一幢房子过暑假，此翁在当时的金融界是个大名鼎鼎的人物。我叔叔去拜访了他（大概主要是为了给新助理牧师协会募集捐款），而婶婶却不肯同去，嫌那人是个商人。没有人认为婶婶是势利眼，人们觉得她的举止尽合情理。银行家有个儿子跟我年龄相仿。我忘了自己是怎么和他结识的，只记得当时问叔叔、婶婶是否可以让他来家里玩，结果招来了一场讨论。他们勉强同意了我的请求，却不许我到他家去。婶婶说要是我到一个钱商家里去，下次就会想去煤炭商家里了。叔叔解释说：

---

① 德语：高贵的出身。

“近朱者赤，近墨者黑。”

那位银行家每个星期天上午都去教堂，并且总在盘子里留下一枚半英镑金币[①]。如果他觉得自己很慷慨，能给众人留下一个好印象，那他就大错特错了——黑马厩镇的人看是都看见了，但只认为他那是在摆阔气。

黑马厩镇有一条蜿蜒的长街通到海边，街道两旁都是两层楼的小房子，有很多是住宅，但也有不少店铺。在这条街道两边又新修筑了不少短街，一边通向乡野，一边通向沼泽。港口周围有许多狭窄的、弯弯曲曲的小巷。运煤船来往如梭，源源不断地把煤从纽卡斯尔[②]运到黑马厩镇来，港口一派生机勃勃的景象。待我年龄稍长，家里人允许我独自外出时，我常去那儿闲逛上几个小时，观看那些粗犷的工人在那儿卸煤，他们穿着紧身套衫，满身煤屑。

我就是在黑马厩镇第一次见到爱德华·德里菲尔德的。当时我十五岁，刚从学校回来过暑假。回到家的第二天上午，我带了毛巾和游泳衣到海滩。天空万里无云，空气暖热，阳光灿烂，北海散发出好闻而强烈的气味，光是闻一闻也令人心醉，叫你觉得生活是多么美好。在冬季，黑马厩镇的街上空荡荡的，人们出门都会步履匆匆，把整个身子缩成一团，尽量让自己的皮肤少接触那凛冽的东风。而现在，他们会来到“肯特公爵”和“熊与钥匙”两家客店之间的空地上，或悠闲地散步，或三五成群地站在那儿聊天。他们操着东盎格鲁方言，瓮声瓮气，音调拖得长长的，你听了也许会觉得他们的口音有些难听，而我听惯了，则认为这种口音会让人有

---

① 英国的旧币，相当于十个先令。

② 英格兰东北部的港口城市，十六世纪以后成为英国主要的煤港。

悠闲怡然之感，自有一番韵味。这些当地人气色都很好，蓝蓝的眼睛，高高的颧骨，头发的颜色浅浅的，一个个看上去都十分正直、诚实、坦率。我想他们并不怎么聪明，然而却忠厚老实。他们看起来很健康，虽然多半个子不高，却体格强健、精力充沛。那时黑马厩镇的车辆很少，所以那些三三两两站在路上闲聊的人除了偶然碰到镇上医生的马车或者面包店老板的马车让让路之外，是不用给车让路的。

路过银行，我进去向银行经理问了声好——此人兼任我叔叔教区里的堂会理事。出了银行，我却与叔叔的助理牧师撞了个满怀。他站住脚和我握了握手。跟他走在一起的是个我不认识的人，他也没有给我做介绍。那人个子不高，留着胡子，打扮得很惹眼，穿着一条很鲜艳的棕色灯笼裤，裤腿扎得紧紧的，脚穿海军蓝长筒袜和黑皮靴，头戴圆顶硬礼帽。灯笼裤在当时并不常见，至少在黑马厩镇如此。我当时年纪很轻，刚从学校回来，立刻把他看成了一个孟浪的人。可是，我和助理牧师说话的时候，他却友好地望着我，浅蓝色的眼睛里含着笑意。我觉得他巴不得加入我们的谈话，于是便摆出了一副拒人于千里之外的高傲架势——我可不愿搭理这个穿着灯笼裤、像猎场看守人的家伙，不愿让他加入我们的谈话，心里很讨厌他那种亲热、友好的眼神。我自己的穿着是无可挑剔的，下穿白色法兰绒长裤，上穿蓝色夹克，夹克的胸前口袋上印着我们的校徽，头戴一顶黑白相间的宽边草帽。后来助理牧师说他得走了（真是谢天谢地，因为我在街上碰到熟人的时候总是不知如何脱身，结果只好窘迫地忍受，每每想辞别却不得其便），接着又对我说他下午要去我们家，要我告诉叔叔一声。分手时，那个陌生人朝我点头微笑，可是我却冷冷地瞪了他一眼。我认为他是个前来黑马厩镇避暑的游客，而我们从不跟这种人打交道。在我们眼里，伦敦人是很庸俗的——伦敦的那帮子三教九流每年夏天都闹哄哄地跑来搅扰人，实在令人心烦，只不过做生意的却不讨厌他们的到来。不过，九月份结束后，黑马厩镇就又会恢复往日的宁静，连做生意的也会如释重负般轻轻舒一口气。

我回家吃午饭的时候，头发还没有干透，长长的头发湿漉漉地贴在头皮上。我对叔叔说路上碰见了助理牧师，他下午要来家里。

"谢帕德老夫人昨晚去世了。"叔叔解释说。

那位助理牧师名叫盖洛韦，又高又瘦，其貌不扬，一头乱蓬蓬的黑头发，小脸庞，面色黑黄。他也许还很年轻，但在我看来却像个中年人。他说话快得似打机枪，还喜欢做出各种手势。这种习惯使大家觉得他很古怪。要不是因为他干劲十足，我叔叔是不会留他做副手的——我叔叔非常懒，很高兴有个人为他分忧，多多把他肩头的重担挑过去。盖洛韦先生来我们家谈完工作后，就去向我婶婶问安，婶婶留下他喝茶。

"今天上午和你在一起的那个人是谁？"他坐下后我问道。

"哦，那是爱德华·德里菲尔德。我没有给你介绍，因为我拿不准你叔叔是否愿意让你认识他。"

"我看大可不必认识。"我叔叔说。

"哦，他是谁呀？该不会是黑马厩镇上的人吧？"

"他出生在这个教区，"我叔叔说，"他父亲是老沃尔夫小姐弗恩大宅的管家。不过，他们都不是国教教徒。"

"他娶了黑马厩镇上的一个姑娘。"盖洛韦先生说。

"大概是在教堂结婚的吧。"我婶婶说，"那女子真是'铁路徽章’酒吧的女招待吗？”

“看她的样子，好像是这么回事。”盖洛韦先生笑了笑说。

“他们准备在这儿长住吗？”

“是的，大概是的。他们已经在公理会教堂所在的那条街上租了一幢房子。”助理牧师说。

那时候黑马厩镇新修的街道当然都有街名，可是大家都不知道，也不使用。

“他会来做礼拜吗？”我叔叔问。

“说实在的，我还没有和他谈这个问题。”盖洛韦先生回答说，“你知道，他是个受过教育的人。”

“这叫我难以相信。”我叔叔说。

“据我所知，他上过哈弗沙姆学校，多次获得奖学金以及其他奖励。后来他又获得了瓦德汉学院①的奖学金，谁知他却跑去当了水手。”

“我听说他是个愣头青。”我叔叔说。

“他看上去不大像个水手。”我说。

“哦，好多年前他就不干这行了。此后他干过各式各样的工作。”

“百事皆通，一样不精。”我叔叔说。

“哦，据我所知，他现在是个作家。”

“这个也干不了多久。”我叔叔说。

我以前连一个作家都不认识，于是顿时有了兴趣，便问道：

“他写什么？是写书吗？”

“我想是写书，”助理牧师说，“也写文章。去年春天他

① 英国牛津大学下设学院之一。

出版了一本小说，许诺说要借给我看看。”

“我要是你，就不浪费时间去看这种无聊的东西。”我叔叔说（我叔叔除了《泰晤士报》和《卫报》,别的什么都不看）。

“他那本小说叫什么？”我问。

“他告诉过我书名，可是我忘了。”

“反正你也没有必要知道。”我叔叔说，“我非常不赞成你看这些毫无价值的小说。暑假里你最好多到户外活动活动。再说，你大概还有暑期作业要做吧？”

我确实有作业，那就是阅读《艾凡赫》[①]。我十岁的时候就读过这本书，一想到要再读一遍，而且还要写一篇读后感，我就厌烦得要命。

现在想想爱德华·德里菲尔德后来取得的巨大成就，再想想那天我们在叔叔家的饭桌旁怎样议论他，我不禁哑然失笑。前不久他驾鹤西去，他的崇拜者们怀着一腔激情提出要将他安葬在威斯敏斯特教堂[②]里。黑马厩镇的现任牧师（继我叔叔之后的第三任牧师）则写信给《每日邮报》，在信中指出：德里菲尔德生于他那个教区，不仅在那儿生活了很多年，特别是他生命的最后二十五年也是在那儿度过的，而且他的好几本最有名的小说都以黑马厩镇为背景，因此把他的骸骨安葬在黑马厩镇的教堂墓地里才合适——他的父母也长眠在该墓地的那几棵肯特郡榆树下。后来，威斯敏斯特教堂的座堂主任牧师一口回绝了接收德里菲尔德骸骨的请求，而德里菲尔德夫人给报界写了一封很有尊严的信，在信中表达

---

① 英国作家沃尔特·司各特创作的长篇历史小说。

② 威斯敏斯特教堂是英国的圣地，在英国众多的教堂中地位显赫，可以说是英国地位最高的教堂。除了王室成员，英国许多领域的伟大人物也埋葬在此。

了自己的决心，声称一定要实现亡夫生前最热切的心愿，即“落叶归根”，跟他熟悉和热爱的那些平凡人安息在一起。这时，黑马厩镇居民心里的一块石头才落了地。不过，据我所知，黑马厩镇的那些名流显要是不大会喜欢“平凡人”这种说法的，除非他们的自我认知观自打我离开那儿之后发生了巨变。后来我听说他们始终“咽不下这口气”，一直对德里菲尔德的这个续弦耿耿于怀。

第四章

我和阿尔罗伊·基尔共进午餐两三天后，我竟意外地收到了爱德华·德里菲尔德遗孀的一封来信，内容如下：

亲爱的朋友：

听说足下上个星期和罗伊促膝长谈，谈到了爱德华·德里菲尔德。得知足下对他有很高的评价，我不胜欣慰。他生前经常提到你，对你的才华极为欣赏。上次足下来寒舍小宴，他简直高兴极了。不知足下是否保留有他给足下的书信？如果有，恭请足下借与我誊抄。倘若足下能接受我的邀请来寒舍盘桓两三日，我将倍感荣幸。寒舍目前颇为宁静，无外人干扰，故盼望足下择期前来。与足下再次聚首，畅谈如烟往事，乃人生一大乐事。我有一事相求，坚信足下念及亡夫的情谊，决然不会拒绝。

真诚的

埃米·德里菲尔德谨启

我和德里菲尔德夫人只有一面之交，对她没有多大兴趣。

她称我为“亲爱的朋友”，令我心头不悦，仅此一点我就应该谢绝她的邀请。还有，她的邀请实在没名堂，使得我有点恼怒，无论我编出怎样巧妙的借口说自己不能过去，很明显只说明了我不愿意去。至于德里菲尔德的书信，我这儿尺幅全无。大概多年之前，他倒是给我写过几次信，都是寥寥数语，可那时他还是个默默无闻的小作家，即使我保存别人的书信，也绝不会想到要保存他的。那时的我怎会知道他后来竟会被推崇为当代最伟大的小说家？我没有马上回信拒绝，只是因为德里菲尔德夫人信中说她有事求我帮忙。真讨厌！不过，如果我能帮她的忙却不帮，那就未免太不近人情了。不管怎么说，她丈夫生前毕竟是个响当当的人物呀。

这封信是随头一班邮件送来的，一吃完早饭我就给罗伊打了电话。我刚报出自己的姓名，罗伊的秘书立刻就把电话转给了他。如果我正在写侦探故事，我即刻就会起疑心，怀疑他在等我的电话，一听见话筒里传来他那雄浑笃定问好的声音，就更加证实了我的怀疑，因为一大清早接电话，谁都不会如此欢快的。

“但愿没有打搅你睡觉。”我说。

“哪里的话。”他爽朗地笑了，笑声从电话那头传了过来，“我七点钟就起来了，刚才在公园里骑了会儿马，现在正准备吃早饭。上我这儿来和我一块儿吃吧。”

“我非常喜欢你，罗伊，”我答道，“但我可不愿意跟你们这种大人物共进早餐。再说，我已经吃过了。是这么回事，我刚收到德里菲尔德夫人的一封信，她请我到她家去住几天。”

“是呀，她和我说过她想请你去。咱们可以一块儿去。她有一个很好的草地网球场，而且待客很热情。我想你会喜欢的。”

“她想叫我干什么？”

“噢，这一点她大概想亲自告诉你。”

罗伊的声调很柔和，我觉得他的语气就像是在跟一个准父亲说他妻子很快就会满足他的愿望，给他生一个乖宝宝。我却不买他的账。

“别兜圈子了，罗伊。”我说，“我是个老油条，什么情况也瞒不过我。有话就直说吧。”

电话的另一头一时没有了声响。我觉得罗伊可能是不喜欢我这般说话。

“你今天上午忙不忙？”他突然问道，“我想来看看你。”

“好吧，你来吧。一点钟之前我不出门。”

“我大约再过一小时就到。”

我放回电话话筒，重新点起烟斗，又瞥了一眼德里菲尔德夫人的那封信。

她提到的那顿午饭我记得很清楚，当时我正好在特堪伯里附近的一位霍德马什夫人家里消磨周末长假。霍德马什夫人是个聪明漂亮的美国女人，其夫是准男爵，胸无点墨，不懂风雅，只钟情于狩猎。也许是为了给沉闷的家庭生活一些调剂，此女经常在家里招待艺术界的人士。各色人士在这里欢聚一堂，气氛十分欢快。贵族子弟和绅士们跟画家、作家及演员混杂在一起，感到震惊和畏怯不安。霍德马什夫人热情款待作家和画家，但既不读他们的书，也不看他们的画，只满足于和他们在一起，并享受这种得到了艺术的熏陶的感觉。我去她家的那天，她谈到了大名鼎鼎的爱德华·德里菲尔德，说他曾跟她为邻，就这个话头说了一会儿。我提到自己过去一度跟爱德华·德里菲尔德相熟。她听了便说她的一些客人星期一要回伦敦，提出想和我一道去德里菲尔德家共进午宴。我有些顾虑，因为我已经有三十五年没有见到德里菲尔德了，不相信他还会记得我。就算他还记得我（这是我心里想的，没有说出来），我也觉得他不会欢迎我去的。当时在场的还有一位被称作斯卡利昂勋爵的年轻贵族，他酷爱文学，竟至没有按照人类的律条和自然法则去统治这个国家，却将自己的全部精力都投注于创作侦探小说了。此人对德里菲尔德怀有浓烈的好奇心，十分想见他，一听霍德马什夫人的提议，便连声称妙。这次聚会的明星来宾是个高大肥胖的年轻公爵夫人，她似乎对那位声名显赫的作家佩服得五体投地，也想去拜谒，情愿放弃伦敦的一次约会，等到下午再回伦敦。

“这下子就有四个人了，”霍德马什夫人说，“再多他们恐怕就受不了了。我马上给德里菲尔德夫人发电报。”

我觉得自己跟这么一群人同去颇为不妥，想给这项计划泼点冷水，于是便说道：

“这样的拜访只会叫他心烦。这么一大帮子陌生人闯进他家肯定会令他讨厌的，因为他毕竟年纪一大把了。”

“正是因为他活不了多久了，所以要想见他趁早现在就去见。再说，德里菲尔德夫人说他喜欢会见客人。他们除了医生和牧师外，很少见到别的什么人，咱们去可以让他们的生活有点儿变化。德里菲尔德夫人说我随时可以带几个有意思的人上他们家去。当然，对接待什么样的客人，她不得不持非常谨慎的态度。想见德里菲尔德的人鱼龙混杂，叫他不胜其扰，其中有图新鲜的闲汉，也有采访的记者，抑或送书给他看以求指点的作家，还有附庸风雅的歇斯底里的女人。然而德里菲尔德夫人胆识过人，只欢迎她认为丈夫应该接见的人，其余的一概拒之门外。我觉得她所担忧的是，如果不管谁想见他，他都接见，不出一个星期他便会一命呜呼了。因而，她得考虑丈夫有没有这份精力。当然，咱们跟那帮人是不同的。”

我自然觉得自己跟那些庸人不同，可看看公爵夫人和斯卡利昂勋爵便察觉到他们也心存此念，于是就转了思路，认为最好什么也别说了。

我们是乘坐一辆鹅黄色的劳斯莱斯去的。弗恩大宅离黑马厩镇有三英里的路。它用灰泥粉饰，大约落成于一八四〇年，朴素大方，不张扬，然而却十分坚固。房屋的前脸和后面样式相同，都是平板墙，各有两扇巨大的凸窗，凸窗之间开一扇门（二楼也有两扇巨大的凸窗），屋顶很低，上面有一圈不起眼的防护墙。房屋周围是一个占地大约一英亩的花园，里面树木丛生，不过管理得很妥善。从客厅的窗户放眼望去，美丽的景色尽收眼底，有郁郁葱葱的树木，有绿意盎然的草地。客厅里的陈设跟乡间小户人家的客厅别无两样，略微给人一种窘迫感。在这里，舒适的椅子和大沙发上都罩着干净、艳丽的棉布套，窗帘也是用同样的棉布做成；几张奇彭代尔[①]式的小桌上放着几个东方风格的大碗，里面盛着百花香[②]；奶油色的墙上挂着几幅本世纪初几位著名画家的水彩画，画面赏心悦目；大束的鲜花随处可见，布置得很是巧妙；大钢琴上摆着几幅镶着银色镜框的照片，有女明星，有已故作家，也有年轻的王室成员。

难怪公爵夫人一进客厅就大声叫好，说这样的客厅最适

① 奇彭代尔是十八世纪英国杰出的家具设计师和制作家，其制作的家具式样以优美的外形和华丽的装饰为特点。

② 各种干燥的花瓣，能散发出香气。

合一个杰出的作家度过他的晚年岁月。德里菲尔德夫人欢迎了我们，她举止从容、端庄。我估计她约莫四十五岁，一张蜡黄的小脸，眉眼端正，轮廓分明，头上紧扣着一顶钟形黑色女帽[①]，身着灰色上衣和裙子。她身体瘦弱，不高不矮，看上去整洁、能干、机敏。她的模样颇像某个乡绅家守寡的女儿，替父亲打点田庄里的事务，似乎有特殊的组织才能。引我们进客厅的时候，一个牧师和一个女士见了便站起身来，她为我们做介绍，说此二人是黑马厩镇的牧师和他的夫人。霍德马什夫人和那个公爵夫人马上摆出一副和蔼谦恭的样子——凡是有身份的人遇见地位低的人，必做这种姿态，以示他们心无芥蒂，全然不在意社会地位的高低。

随后，爱德华·德里菲尔德走进了客厅。我在画报上经常看到他的照片，但是见到他本人心里还是感到十分诧异。他的身材比我记忆中的要矮，看起来瘦骨嶙峋的，纤细的银丝勉强能盖住头皮，脸刮得干干净净，皮肤几乎是透明的。他的一双蓝眼睛颜色很淡，眼圈红红的。他看起来老态龙钟，似乎随时都可能撒手人寰。他嘴里戴着一副雪白的假牙，这使他的笑容显得很勉强，很僵硬。我以前看到的他都留着胡子，现在胡子却没有了，嘴唇显得很薄，没有血色。他穿着一套簇新的蓝色哔叽西装，剪裁得体，领口很低，要比他实际的尺码大出两三号，露出了他那枯瘦、满是皱褶的脖子。他系着一条齐整的黑领带，上面别着一个珍珠的领带夹，俨然是一个穿便服的教长在瑞士度假消夏。

他进门时，德里菲尔德夫人飞快地瞥了他一眼，随即向

① “钟形帽”这一名称来自法语单词“Cloche”，意为“钟”。由法国设计师卡罗琳·瑞邦（Caroline Reboux）于1908年发明，1920年至1933年流行于美国。佩戴钟形帽是贵族身份的象征。

他鼓励地嫣然一笑，显然对他整洁的外表很满意。他和客人们一一握手，与每个人都寒暄几句，走到我面前时则说：

“足下这么一个功成名就的大忙人亲临寒舍来看我这个老古董，真是不胜荣幸。”

我听了这话心里一惊。听他说话的语气，就好像他跟我素昧平生一样。这叫我有点担心，生怕我的朋友会以为我在吹牛，因为我曾经说自己和他是很熟的。莫非他果真把我忘得一干二净了？

“上次一别，真不知有多少年过去了。”我做出一副感慨的样子说。

他看了看我，大概也就那么几秒钟，然而我却觉得他打量了我许久。接着，我猛地一怔——他朝我挤了挤眼。他的动作快极了，除了我谁都不可能看见。我真不敢相信自己的眼睛，想不到那张气度不凡的苍老的脸上竟会出现那样的神情。不过他的脸转瞬又恢复了原来的平静，还是那般智慧中透露出慈祥，波澜不惊中潜藏着敏锐。后来到了吃饭的时间，大家便鱼贯步入了餐厅。

这里的陈设也很有品味，只能以“极尽风雅”来描述。奇彭代尔式餐具柜上摆放着银烛台。我们坐的是奇彭代尔式的椅子，围着一张奇彭代尔式桌子进餐。桌子中央的一个银碗里放着玫瑰花，周围是一些银碟子，里面放着巧克力和薄荷奶油糖。银盐瓶擦得锃亮，显然是乔治王朝时期的古董。奶油色墙壁上挂着彼得·莱利爵士[①]的铜版仕女图。壁炉台上有一件蓝色的代尔夫特陶瓷[②]摆件。两个身穿棕色制服的

---

① 彼得·莱利爵士（Sir Peter Lely，1618—1680），荷兰画家。

② 荷兰西部城市代尔夫特出产的陶瓷，通常有蓝色图案。

侍女在一旁传送酒菜。德里菲尔德夫人一边不停地和我们说话，一边留意着那两个侍女的一举一动，真不知她是如何把这俩体态丰满的肯特郡姑娘训练得手脚如此麻利（她们面色健康，高颧骨，一看就知道是本地人）。这顿饭铺排得恰到好处，精致而不张扬，有浇白沙司[①]的卷比目鱼片，有以新土豆和嫩豌豆为配菜的烤鸡，还有芦笋和奶油醋栗泥。这样的餐厅、这样的午宴以及这样的铺排，让你觉得最适合于招待虽不富有但品味高雅的文人墨客。

德里菲尔德夫人和大多数作家的妻子一样也很健谈，席间绝不会让她这边出现冷场。因而，不管我们多么想听听她丈夫在饭桌另一头说些什么，却总找不到机会，只能听得见她那轻松愉快的高谈阔论。爱德华·德里菲尔德年老体弱，一年中的大部分时间都蜗居于乡间，她不得不相伴左右。不过，她时不时会往伦敦跑一趟，好跟上那儿的潮流。这当儿，她很快就和斯卡利昂勋爵热烈地谈论起了伦敦戏院正在上演的戏剧以及皇家艺术院人来人往的热闹景象。她说去皇家艺术院看画展，去了两次才算看完，即便如此也没来得及看水彩画，而她是非常喜欢水彩画的，因为水彩画不矫揉造作——她不喜欢矫揉造作的作品。

这场饭局，男女主人分坐餐桌两头，牧师坐在斯卡利昂勋爵身旁，牧师夫人则坐在公爵夫人身旁。公爵夫人和牧师夫人谈论起了工人阶级的住房问题——谈论这个话题她游刃有余，说起话来似乎比牧师夫人自在得多。我落得清闲，便凝神关注爱德华·德里菲尔德，见他正在和霍德马什夫人叙谈。后者显然在告诉他应该怎样创作小说，并且说了几个书

---

① 用黄油、面粉和牛奶调制而成。

名，建议他一定抽空看一看。他似乎出于礼貌，在饶有兴趣地听她侃侃而谈，不时还插上一句话，但声音太低，听不清说的是什么。她一旦说出一则笑话（她常常说笑话，往往都很风趣），他就凑趣地咯咯笑几声，同时飞快地瞥她一眼，仿佛在说：这个女人倒还不算是一个愚昧透顶的傻瓜。我回想起往事，不禁感到好奇，不知他怎样看待这几位尊贵的客人，怎样看待他那穿戴雅致、才干出众、精明干练的贤内助以及优雅的生活环境，不知他是否为自己早年的荒唐行为后悔，也不知这些是否真的让他感到快乐，抑或他虚与委蛇，表面和蔼、客气，实际上厌烦得要命。也许他觉察到了我正在看他，但见他抬起眼睛，若有所思地盯着我看了一会儿，目光柔和但很古怪，然后突然又对我挤了挤眼（这次毫无疑问，的确冲我挤了挤眼）。他衰老、干瘪的脸上浮现出一种滑稽的神情，真叫人心头一惊。我顿感狼狈，不知如何是好，于是尴尬地笑了笑。

而在这时，公爵夫人加入了餐桌那头的谈话，牧师夫人便向我转过脸来低声问：

“你好多年前就认识他了，是吗？”

“是的。”

她扫了一眼四周，见没人注意我们，又继续说道：

“他夫人希望你不要提及往事，以免勾起他痛苦的回忆。你知道，他身子很虚弱，一点儿小事就会惹得他不高兴。”

“我会很小心的。”

“她对他的照顾真是无微不至，其拳拳之情堪做表率。她明白自己照料的是一个极其重要的人物，因而只是无私奉献，这真是难以言表。”说到这里，她把声音又放低了一些，“当然啰，他上了年纪，而老年人有时候是不大好伺候的。

我却从来没有见到她有不耐烦的时候。这样的一位妻子，简直跟她丈夫一样优秀。”

听了这般言语，实在难以作答，但我感到她在等待我说话，于是便轻声说道：

“他虽然已年迈，但看上去气色还是挺不错的。”

“那全是她的功劳。”

午宴结束后，我们回到客厅，在那儿站了两三分钟。我和牧师闲聊，由于找不到合适的话题，便对外面的美景啧啧称赞起来。这时却见东道主爱德华·德里菲尔德走了过来，于是我便转身对他说：

“我觉得那边的一小排村舍真是富于诗情画意，刚才正在说呢。”

“从此处欣赏的确如此。”德里菲尔德望着那排村舍参差不齐的轮廓说，薄薄的嘴唇边现出了一丝嘲讽的微笑，“我就出生在那儿其中的一幢房子里。很怪，是不是？”

这时德里菲尔德夫人急匆匆走了过来，神情和蔼可亲，以银铃般悦耳的声音说道：

“哦，爱德华，公爵夫人有事必须马上就要走，我想她走之前肯定很想参观一下你的书房。”

“实在对不住，我得赶三点十八分从特堪伯里开出的那班火车。”公爵夫人说。

我们鱼贯走进了德里菲尔德的书房。这个房间很大，在大宅的另一侧，有一个凸窗，凭窗看到的景色和从餐厅那儿看到的一样。房间里干净整洁，一尘不染，几个大碗里放满了鲜花，显示出一种女性的情调，足见一个体贴入微的妻子对一个爬格子的丈夫的殷殷关怀之情。

“他后期的所有作品都是在这张书桌上写的。”德里菲尔德夫人一边说，一边顺手把一本翻开反扣在桌面上的书合了起来，“他精装本[①]文集第三卷的卷首插图画的就是这张书桌。这是一件古式家具。”

大家都站在那儿赞赏书桌。霍德马什夫人趁别人不注意，伸手摸了摸书桌下面的边缘，看是不是真货。德里菲尔德夫人见状立刻绽开一个灿烂的微笑，对我们说：

“你们想不想看看他的一份手稿？”

“那太好了，”公爵夫人说，“看完手稿我就得告辞了。”

德里菲尔德夫人从书架上取下一叠外面装着蓝色摩洛哥皮封面的手稿。在场的其他人都恭恭敬敬地观看着手稿，我却趁机瞅了瞅房间四周书架上所陈列的书籍。跟别的作家一样，我飞快地扫视一圈，看有没有我的作品，结果一本也没有找到。不过，我却看到了阿尔罗伊·基尔的全套著作和其他很多小说，装帧光鲜亮丽，令人不禁怀疑是不是有人读过。我猜想这些作品都是作者送上门的，以表达对这位才华出众的文学大师的崇敬，也许还希望能得到大师几句赞扬的话，如此便可以用在出版商的广告上。这里的书汗牛充栋，排列得整整齐齐，看上去干干净净，叫人觉得鲜有人阅读。其中有《牛津大词典》以及大多数英国经典作家的作品，如菲尔丁[②]、鲍斯韦尔[③]和黑兹利特[④]等，都是装帧精美的标准版本。另外还有大量有关航海的书（我认出有好几卷是海军部发行的航海指南，色彩驳杂，凌乱不整）以及诸多关于园艺

---

① 原文是法语：edition de luxe。

② 菲尔丁（Henry Fielding，1707—1754），英国小说家、剧作家。其代表作有《汤姆·琼斯》《大伟人江奈生·魏尔德传》等。

③ 鲍斯韦尔（James Boswell，1740—1795），英国传记作家。

④ 黑兹利特（William Hazlitt，1778—1830），英国随笔作家。

的书。这间屋子看上去不像一个作家的工作室，倒像一个名人的纪念馆。你似乎可以看到一些随意闲逛的游人由于无事可做，漫步走进这间屋子，似乎可以闻到难得有人参观的博物馆由于不通风而散发出的那种霉味。我暗自思忖：如今的德里菲尔德恐怕什么也不看了，要看也只是翻阅翻阅《园丁纪事》[①]或《航运公报》（我见房间角落的一张桌子上堆放着这两样）。

女客们尽兴参观完，我们便向东道主道别。霍德马什夫人是个机敏乖巧的女人，一定觉得这次来访八成是因为我而成行，而我跟爱德华·德里菲尔德几乎没说过几句话，于是到了门口的时候，便先对我亲切地一笑，然后对他说道：

"听说你和艾舍登先生好多年前就认识了，我特别感兴趣。他那时是不是一个听话的小孩子呢？"

德里菲尔德盯着我看了一下，目光还是那么平淡，那么充满了讥讽。我觉得如若没有旁人在跟前，他一定会朝我吐舌头。

"他很害羞。"他回答说，"我教过他骑自行车。"

我们回到那辆硕大的黄色劳斯莱斯上，离开了。

"他是个大好人，"公爵夫人说，"今日不虚此行。"

"他的举止极其文雅得体，不是吗？"霍德马什夫人说。

"你总不见得指望他用刀子吃豌豆吧？"我问道。

"我倒希望他用刀子吃，"斯卡利昂说，"那样才别具一格。"

"说起来容易做起来难。"公爵夫人说，"我试过多次，总无法将豆子挑起。"

---

① 英国杂志，曾是达尔文发表作品的首选之地。

“得用刀子扎着吃了。”斯卡利昂说。

“那哪成！”公爵夫人反驳道，“用刀子挑吧，你得让豆子平稳地待在刀面上，可它们一个劲乱滚。”

“诸位怎么看德里菲尔德夫人？”霍德马什夫人问。

“我觉得她尽到了自己的职责。”公爵夫人说。

“他年纪太大，真是可怜，总得有个人服侍。诸位可知道，他的夫人以前是医院里的护士？”

“哦，真的吗？”公爵夫人说，“我还以为她以前是他的秘书或打字员什么的。”

“她是个非常好的人。”霍德马什夫人语气热烈地为自己的朋友辩护道。

“唔，的确如此。”

“大概二十年前，他得了一场大病，拖了很长时间。那会儿她是他的护士，他病好了之后二人就结了婚。”

“男人们会这么做真是奇怪。她一定比她丈夫年轻得多，现在不可能超过……不可能超过四十岁或四十五岁。”

“不，我看恐怕不止，她总该有四十七岁了。听说她为他可谓是呕心沥血。我是说她把他收拾得很体面，能见人了。阿尔罗伊·基尔说以前的他非常不修边幅。”

“天下作家的妻子都一样，都喜欢管束人。”

“跟这样的妻子过日子，岂不叫人心烦？”

“别说这话。恐怕作家们并不这么看。”

“真是可悲！他们常常生活在幻觉中，还觉得别人羡慕他们呢。”我咕哝了一句。

我们到了特堪伯里，等公爵夫人在火车站下了车，随后便继续往前行驶了。

第五章

爱德华·德里菲尔德的确教过我骑自行车，也正因如此才有了我们的初次相识。我不知"安全自行车"[①]那时已经问世多久了，然而却知道在肯特郡我所居住的那个偏远的地区尚不多见。每当你看见有人骑着实心轮胎的自行车飞驰而过时，你会回过头去观看，目送他从视野中消失。中年人仍视其为可笑的行为，还不如走路来的好。老婆婆则畏之如虎，见有人骑自行车来，便急忙躲闪到路边。我却早就害了红眼病，每每看见那些男孩子骑车来上学，进校门时双手撒把，趁机大出风头，我便羡慕得不得了。于是我恳求叔叔允许我在暑假开始的时候买一辆自行车。婶婶表示反对，说骑车会把我的脖子摔断。不过，在我的一再恳求下，叔叔还是痛快地同意了，因为我买车子花的毕竟是我自己的钱。放假前我就下了订单，几天后车子便从特堪伯里运来了。

我决定自己学骑车——学校里的小伙伴们说很好学，他们不出半个小时就学会了。我试了又试还是学不会，最后认定自己是个大笨蛋（我现在倒觉得那般见识是太看低自己了）。后来，尽管我抛开了自尊心，让花匠扶我上车，却仍然

① 即链传动自行车，首次亮相于1874年。

毫无进展——学车子的第一天，上午都过完了，我还是和开始时一样自己无法骑上车。次日，我觉得我们家门外的那条马车道转弯处太多，不适合学车。于是，我就把车子推到了不远处的一条大路上——我知道那条路又直又平坦，而且非常僻静，不会有人看见我跌倒出丑。我在那儿多次尝试上车，但每一次都摔了下来，小腿也给脚踏板擦破了，弄得浑身发热,心里烦躁。我多次尝试多次失败,鏖战了大约一个小时后，心里便开始觉得上帝是不想让我学会了。不过，我决心非学会不可（一想到我叔叔——上帝在黑马厩镇的代表——的嘲讽，我就不服气）。可就在这时，只见两个人骑着自行车沿着这条荒僻的道路过来了。我顿时泄了气，急忙把车子推到路旁，在一处篱边台阶上坐下，若无其事地眺望着大海，就好像我已经骑了很长时间的车子，此时正坐在那儿对着茫茫大海出神。我目不转睛，似在梦中，全然不去理睬那两个骑车过来的人，但是却能感到他们越来越近。用眼角的余光一扫，我发现那是一男一女。就在他们从我跟前擦身而过的时候，那个女的猛地向路边一歪，撞到了我身上，扑通一声摔在了地上。

“哎呀，真对不起，”她说，“我刚才一看见你，就知道要摔倒，却来不及了。”

在这种情况下，我不可能再保持我那种出神瞭望大海的样子了，不由满脸通红，连声说没关系。

她摔倒时，那个男的下了车，问：

“没摔坏吧？”

“哦，没事。”

这时我才认出他是爱德华·德里菲尔德，即几天前我看见跟助理牧师一块儿散步的那个作家。

“我正在学骑车，”他的女伴说，“只要看见路上有什么东西或人就会摔下来。”

“你不就是牧师的侄子吗？”德里菲尔德说，“那天我见过你。盖洛韦告诉我说你是牧师的侄子。这是我夫人。”

她朝我伸出手来，以一种异常坦率的姿态。我握住她的手时，她热情、真诚地握了握，嘴角和眼里都荡漾着笑意。我那时虽说年幼，还是能看得出她那可掬的笑容里所包含的融融善意。我十分慌乱——见到陌生人，我总有这种忸怩不安的感觉。正因如此，我都没能细看她的眉眼，只觉得她好像是个身材高大的金发女郎。她那天穿着一条下摆很宽的蓝哔叽裙子，一件前胸和领子都上过浆的粉红色衬衫，厚厚的金发上扣着一顶被时人称为“硬壳平顶帽”的草帽（不知这些是我当时就注意到了，还是事后回忆时记起来的）。

“我觉得骑自行车很有意思，你说是吧？”她一边说，一边看着我那辆靠在篱边台阶上的漂亮的新车，“要是能把车骑好，那该多棒啊。”

我觉得她这话是对我熟练车技的羡慕。

“只要多练习就成了。”我说。

“这是我第三次练习骑车了。德里菲尔德先生说我进步很快，可我觉得自己笨透了，真恨不得踹自己一脚。你学会骑车花了多长时间？”

我羞得面红耳赤，几乎连话都有点说不出来了。

“我还不会骑呢。”我末了说道，“我刚把这车子买来，这是头一次学着骑。”

我说得有点含糊，但为了心安，心里不由补充了一句：不过，昨天在我家的花园里还试骑过一阵子。

“要是你愿意，我可以教你骑。”德里菲尔德和蔼可亲地说，“来吧。”

“那哪行，”我说，“这叫我怎么担待得起。”

“为什么担待不起？”他的夫人问道，一双蓝色的眼睛仍然充满友好的笑意，“德里菲尔德先生愿意教，你就学。我也可以趁这机会歇一歇。”

德里菲尔德推过了我的自行车。我虽然觉得有些别扭，但终究还是无法拒绝他的热情和善意，于是便笨拙地上了车。骑车时，我左右摇晃，亏得他用手牢牢扶住了我。

“骑快一点。”他说。

我用力蹬车，似醉汉一般摇摇晃晃往前骑，他则在我身边跟着跑，弄得我们俩都浑身发热。尽管他付出了艰辛的努力，我最终还是摔下了车。我虽然知道自己身为牧师的侄子，应该对他这个沃尔夫小姐管家的儿子保持冷漠的态度，但在这种情况下也顾不得那许多了。于是我又上车往回骑，居然独自骑了三四十码而不倒，真是激动人心。德里菲尔德夫人跑到路中间，双手叉腰，大声叫道：“加油，加油，二比一获胜。”我高兴得开怀大笑，完全忘记了自己的社会地位。我没让人扶，自己下了车，脸上的神色别提有多得意了。德里菲尔德夫妇向我道贺，夸我聪明伶俐，头一天就学会了骑车，我毫不忸怩地接受了他们的祝贺。

“我来看看我不让人扶，是不是能上车。”德里菲尔德夫人说。我在路旁的台阶上重新坐下，跟她丈夫一起看着她一次次尝试又一次次失败。

后来，她又想休息，于是就在我身旁坐了下来，有点失望，但心情很好。德里菲尔德点着了烟斗。我们聊起天来。我当时自然没意识到她为人处世极其坦率，叫你毫无顾忌，立刻就有一种轻松感，现在回想起来才发现了这一点。她说话时充满了激情，犹如一个对生活满怀憧憬的孩子，眼睛总闪现出迷人的笑意，莫名让我特别喜欢。应该说那种微笑里有一丝狡黠（如果狡黠并非令人不快的品质），然而又过于天真无邪，不像是狡黠。那是一种调皮的微笑，而她就像一个小孩子，自以为做了一件很有趣的事，情知你一定会觉得那是调皮捣蛋，却不会真的生气，暗忖假如你不能立刻发现那是什么事情，她自己就会说出来。当然，这些我当时是不知道的，只知道她的微笑叫我感到自在。

过了一会儿，德里菲尔德看了看表，说他们该回去了，并且提议我们一起正儿八经地骑车回去。那时正是我叔叔和婶婶每天在镇上散完步回家的时刻。我不想冒这个风险，让他们看见我和他们不喜欢的人待在一起，因此我请他们头里走，理由是他们骑得比我快。德里菲尔德夫人不愿意，而德里菲尔德却用一种古怪的、饶有兴味的目光打量着我，我觉得他看穿了我的心思，不由羞得满脸通红。末了只听他说道：

"他要自己走就让他自己走吧，罗茜。他一个人骑车会骑得更稳一些。"

"好吧。明天你还上这儿来吗？我们还会来的。"

"我会争取来的。"我回答说。

他们骑上车先走了。过了几分钟，我也走了，心里非常得意，一直骑到家门口也没有摔下车来。记得吃饭的时候我为自己学会了骑车子大吹了一通，但只字未提路遇德里菲尔德夫妇之事。

次日上午十一点钟左右，我把自行车从马车房里推了出来。这个屋子名为马车房，其实里面连一辆马车都没有，只是一个花匠存放割草机和碾轧机的地方，也是玛丽－安存放喂鸡的饲料的地方。推车到了大门口，我好不容易才上了车，沿着特堪伯里大路一直骑到那个古老的收税关卡，然后拐入欢乐小道。

天空碧蓝如洗，空气温暖而清新，其中的热量似篝火噼啪作响。阳光灿烂但不刺眼，直直地投射在白晃晃的路面上，然后又好像皮球似的反弹回去。

我在这条路上骑了几个来回，等候德里菲尔德夫妇的到来。不一会儿，我看见他们姗姗而至，便向他们挥手致意，随后掉过车头（我得先下车，再掉转车头），和他们一起往前骑去。德里菲尔德夫人和我互相祝贺彼此取得的进步。我们紧张不安地骑着，死命地握着把手，但都兴冲冲的。德里菲尔德说等我们都骑得很稳之后，大家可以一道骑车到乡间各处去游玩。

“我要顺便到附近的一个地方去拓一两块碑刻[①]。”他说。

我不明白他说的是什么，他却不愿解释，只是说：

“等着吧，我会给你看的。你觉得明天你能骑十四英里吗？来回各七英里。”

“没问题。”我说。

“我给你带一张纸和一些蜡，你也可以拓。不过你最好问问你叔叔让不让你去。”

“没必要问。”

“我看你还是问一下的好。”

德里菲尔德夫人看着我，目光还是那般独特，既调皮又友好。我不禁涨红了脸，情知如果问叔叔，他一定不会同意的，最好对他只字不提。谁知我们正骑车间，我却看见医生驾着双轮马车迎面驶了过来。他从我身边经过的时候，我两

① 此处指黄铜纪念碑上的碑刻。

眼直视前方，一心指望我不看他，他也别看我，但也知道这是痴心妄想。我心里有点发毛，因为他看见了我，很快就会把这事传到我叔叔或婶婶的耳朵里。我心里思忖着是不是最好自己亲口将此事告知他们，因为纸毕竟包不住火。我和德里菲尔德夫妇在我们家门口分手时（我万般无奈，躲也躲不过，只好跟他们一起骑到了此处），德里菲尔德说如果我明天决意和他们一起去，最好尽早动身，到他们家找他们。

“你知道我们住的地方，是吧？就在公理会教堂的隔壁，叫作‘莱姆庐’。”

那天中午我坐下吃饭的时候，一心想找个机会以漫不经心的语气将偶遇德里菲尔德夫妇的事说出来。但在黑马厩镇，消息传得快得惊人。

“今天上午和你一道骑自行车的是什么人？”我婶婶问道，“我们在镇上遇见了安斯蒂医生，他说他看见你了。”

叔叔带着一脸不以为然的神色嚼着烤牛肉，铁青着脸看着自己的盘子。

“那是德里菲尔德夫妇。”我若无其事地答道，“盖洛韦先生认识他们。男的就是那个作家。”

“他们的名声非常不好，”叔叔说，“我不希望你和他们来往。”

“为什么？”我问。

“至于原因，我不便说明。你只要知道我不想让你和他们来往，这就够了。”

“你是怎么认识他们的？”婶婶问。

“我正在骑车，却见他们骑着车子过来了。他们问我愿不愿意和他们一块儿骑。”我信口答道，措辞有点儿偏离事实。

“这恐怕太强人所难了。”叔叔说。

我生起了闷气。为了表示内心的不快，甜点端上桌的时候，尽管是我最爱吃的莓子饼，我却一口都不肯尝。婶婶问我是不是不舒服。

“没什么，”我说道，神情尽量显得不屑一顾，“我感觉很好。”

“还是吃一小块吧。”婶婶说。

“我不饿。”我答道。

“你吃一点，也让我高兴高兴。”

“他吃饱了没有他自己是知道的。”叔叔说。

我狠狠地瞪了他一眼。

“那么就吃一小块吧。”我说。

婶婶给了我一大块馅饼，于是我便吃了起来，却做出一副老大不情愿的样子，就好像在履行一种不得不履行的严苛职责。岂不知那是一块特别可口的莓子饼——玛丽－安做的馅饼松软异常，入口便化。但是当婶婶问我能不能再吃一点时，被我语气冰冷地一口拒绝了。她也没有再坚持。我叔叔饭后开始做感恩祈祷，而我则气咻咻地到客厅里去了。

后来，我估摸仆人们已吃完了饭，便走进了厨房。埃米莉正在餐具室里擦拭银餐具，玛丽－安则在洗刷碗碟。

“我问你，德里菲尔德夫妇有什么不好？”我向玛丽－安问道。

玛丽－安十八岁来我们家干活，那时我还是个小孩子。她把我照顾得很周到，曾经给我洗过澡；我需要吃药粉的时候，她就将药粉拌在梅子酱里给我吃；我上学的时候，她替我收拾箱子；我生病的时候，她看护我；我烦闷的时候，她念书给我听；我淘气的时候，她责骂我。女仆埃米莉是一个不知天高地厚的年轻姑娘。玛丽－安说要是让她来照顾我，真不知会把我照顾成什么样呢。玛丽－安是黑马厩镇当地的姑娘，从未去过伦敦，恐怕就连特堪伯里也只去过三四次。她从不生病，从不休假，一年的工钱是十二英镑。每星期有一个晚上，她到镇上去看望母亲——她的母亲以为牧师们洗衣服糊口；每个星期天的晚上，她会去教堂做祷告。不过，关于黑马厩镇，事无巨细她都了如指掌——她认识这儿的每一个人，了解他们的婚娶情况，知道哪个老人去世了，知道哪个女人生了几个孩子，以及孩子都叫什么名字。

此刻她听了我这一问，就把手里的一块湿抹布啪的一声丢到水槽里，说：

“你叔叔没有错。如果你是我的侄子，我也不想让你和他们来往。想不到他们竟邀请你和他们一块儿骑车，实在是没脸没皮。”

我看出已经有人把我和叔叔婶婶在餐厅里的对话传给了玛丽－安，于是便辩驳道：

“我又不是小孩子。”

“不是小孩子就更不应该和他们来往。他们真是不顾廉耻，竟有脸上这儿来！”玛丽－安说话时，常常随意地将居于单词之首的“h”音略去[①]，“他们租下一幢房子住，就装腔作势，俨然成了淑女、绅士了。你别去碰那块馅饼。”

她说的是放在厨房的桌子上的莓子饼，我正撕下一块馅饼皮往嘴里填。

“那是我们晚饭吃的。你要是还想吃，刚才吃饭的时候为什么不吃饱？特德[②]·德里菲尔德朝三暮四，什么事情都

---

① “这儿”一词的英语是“here”，玛丽－安仅仅说出了“ere”。

② 特德是爱德华的昵称。

做不长。亏他也算是受过良好教育的，真叫人为他的妈妈难过。他一生下来就是个祸胎，搅得他妈妈不得安宁。后来，他竟然把罗茜·甘恩娶进了门。据说，当他将要娶罗茜·甘恩的话说给他妈妈时，气得老人家一病不起，在床上躺了三个星期，跟谁都不说话。”

“德里菲尔德夫人结婚前叫罗茜·甘恩吗？她是哪一户甘恩家的人？”

甘恩是黑马厩镇最普通的一个姓，教堂墓地里到处埋的是这个姓氏的亡者。

“唉，说了你也不认识。乔赛亚·甘恩老头是她的父亲，也是个不安分的家伙，他当过兵，回来的时候丢了一条腿，装的是木腿。他给人当佣工，干油漆匠的活，只是三天打鱼两天晒网。他们家过去跟我们家是邻居，都在黑麦巷住。我和罗茜常常一起去上主日学校。”

“可是她的年龄比你小呀。”我以我那个年龄所特有的直率说。

“她已经过了三十了。”

玛丽-安个子矮小，扁鼻头，一口龅牙，不过气色很好，我觉得她不会超过三十五岁。

“罗茜是装年轻，不管怎么装，也大不了比我年轻四五岁。听说她现在穿戴得叫人认都认不出来了。”

“她当真做过酒吧女招待吗？”我问道。

“不错，先在‘铁路徽章’酒吧，后来在哈弗沙姆的‘威尔士亲王羽毛’酒吧。她在‘铁路徽章’酒吧时，里弗斯夫人是雇主，因为她不检点，里弗斯夫人就只好炒了她的鱿鱼。”

“铁路徽章”是一家很平常的小酒吧，位于伦敦—查塔姆—多佛铁路线车站的正对面，看上去像是个寻欢作乐、藏污纳垢的去处。冬夜，你只要从那儿路过，透过玻璃门就可以看见一些大汉在吧台跟前晃悠。我叔叔非常不赞成当地有这家酒吧，多年来一直在奔走，想取消它的营业执照。此处的常客是铁路搬运工、运煤船船员和农场工人，黑马厩镇有身份的居民是不屑踏入其门的，他们想喝酒就去“熊与钥匙”客店或者“肯特公爵”客店。

“她都干了什么，要炒她的鱿鱼？”我瞪大了眼睛问，眼珠子都快蹦出来了。

“她什么脏事没干过？”玛丽-安说，“我在这里跟你说这种事，要是你叔叔碰巧听见，真不知会怎么发作呢。只要有个男客进酒吧，她就跟人家眉来眼去，不管对方是什么人。她不是死缠着一个人，而是像走马灯一样换来换去，据说那简直令人作呕。也就是在那里，她勾搭上了乔治勋爵。按说乔治勋爵是不会到那种地方去的，因为他毕竟是个有一定地位的人。可是有一天等火车时火车误了点，他偶然进去想喝杯酒，结果就看上了她。此后，他就老泡在那儿，和那些粗鄙的庸碌之辈搅在一起，谁都知道他的意图是什么。他可是有妻子和三个孩子的人呀！唉，我真为他的妻子感到难过！这件丑事不胫而走，闹得满城风雨。里弗斯夫人大怒，说自己已忍无可忍，把工钱给了她，叫她卷铺盖走人。我当时就说里弗斯夫人做得对，甩掉了一个累赘。”

我很熟悉乔治勋爵。他名叫乔治·坎普，不过大家都叫他乔治勋爵，内含讥讽，因为他喜欢摆贵族气派。他是当地的煤商，也做一点房产生意，同时还拥有一两条煤船的股份。他在自己家的地皮上盖了一幢新砖房，住在里面，出门有自家的马车。此人身材微胖，蓄着山羊胡子，红光满面，气色很好，长着一双无畏的蓝眼睛。每每想起他，我就觉得他很像古老的荷兰油画中的某个商人，面色红润，神情欢快。他总是穿得很花哨。每当你看见他穿着配着大纽扣的淡黄色羊皮短外套，歪戴一顶棕色常礼帽，扣眼里插一朵红玫瑰，不急不缓地驾着马车驶过大街中央的时候，你禁不住总要看他几眼。每个星期天，他都会戴着一顶柔软光亮的高顶礼帽，穿着长礼服到教堂去做礼拜。路人皆知他想当堂会理事，而且他精力充沛，显然可以有所作为。而我叔叔却声称在自己的任期内，是绝不会同意的。尽管乔治勋爵为了表示抗议，改去小教堂做礼拜达一年之久，我叔叔仍固执己见。他在镇上碰见乔治勋爵，就装作不认识。后来双方关系缓和，乔治勋爵又回到了我叔叔的教堂做礼拜，不过我叔叔只答应委任他当一名副教会执事。绅士阶层的人认为他太粗俗，我也觉得他沽名钓誉，喜欢说大话。他们嫌他说话的嗓门太大，笑声刺耳（他在马路的一边和人说话的时候，你在另一边可以清清楚楚地听见他说的每一个字），还嫌他缺乏涵养。他待人过分亲热，跟绅士们说话仿佛一点规矩也不懂，于是绅士们便说他太喜欢套近乎。他对人一团和气，热心于公共事业，每年划船比赛或秋收感恩节都会慷慨解囊。他平时也乐善好施，救人于急难，但如果他认为这样可以消除黑马厩镇绅士阶层心间的块垒，那他就错了——他所有的社交努力都付诸东流，他们仍对他充满了敌意。

记得有一次，医生的夫人来看望我婶婶，埃米莉进来告诉我叔叔说乔治·坎普先生前来拜访。

“可是，我听见是前门的门铃在响，埃米莉。”我婶婶说。

“是的，夫人，他是在前门口。”

屋里顿时出现了尴尬的局面——事情十分反常，一时间大家都有点茫然不知所措了。就连埃米莉也知道何人应该走前门，何人应该走边门，何人应该走后门，所以她这时有点儿慌了神。我婶婶性格温和，善解人意，我觉得她见大伙儿这般窘迫，心里一定不是滋味。医生的夫人只是哼了一声，对来客表示蔑视。最后还是我叔叔先镇静了下来，吩咐道：

“你把他带到书房去，埃米莉，我喝完茶就来。”

不管镇上的人怎么对待乔治勋爵，他都不计较，仍是那么一副高高兴兴的模样，仍是那么喜欢招摇，说话大嗓门，咋咋呼呼的。他说这个镇死气沉沉的，扬言一定要把它唤醒。他还要说服铁路公司将观光列车开到这里，把此处打造成马盖特[①]那样的旅游胜地。他还建议学习弗恩湾镇，选出一个镇长来。

黑马厩镇的居民们见状便撇撇嘴说：“他大概是自己想当镇长了。这么翘尾巴，也不怕跌跟头。”

我叔叔则说他愿意这么说，你总不能捂住他的嘴吧。

我补充一点：我跟众人一样，也同样瞧不起乔治勋爵，对他嗤之以鼻。每逢他在街上拦住我，直呼我的教名，跟我搭话，仿佛我们之间并不存在社会地位的差异时，我都十分恼火。他甚至提出要我和他的儿子一起打板球。他的几个儿子和我年龄相仿，但都在哈弗沙姆上普通中学，所以我自然不可能跟他们搅和在一起。

此刻，一听坞丽－安说起乔治勋爵的风流韵事，我大感惊愕，实在难以相信。我看过不少浪漫小说，在学校里也听说过不少关于爱情的传说，自以为对爱情是颇有见识的，但我觉得那是年轻人的事，简直无法想象一个大胡子男人，儿子都跟我一样大了，还会有这种感情。我觉得人一旦结了婚，

① 英格兰肯特郡东侧的一座海滨城镇。

就不该有这份心思了。一个过了而立之年的人，竟然还风流得不行，简直令人作呕。

“你的意思该不会是说他们真的干出什么事了吧？”我问玛丽－安道。

“从我听说的情况看，罗茜·甘恩跟许多男人有瓜葛，乔治勋爵并非唯一的一个。”

“可是，你看，她怎么没有孩子呢？”

根据我看过的爱情小说，漂亮女子一旦堕入风尘，就会有个孩子。关于这一节，小说处理得都极其谨慎，有时甚至仅仅用一排星号加以暗示，但生子这一结果总是不可避免的。

“我看那是她运气好，而不是她采取了得当的措施。”玛丽－安说。随后，她定了定神，停下了手中的活，不再忙着擦盘子了，又接着说道：“我觉得你这么点年纪，这种事知道的未免也太多了。”

“这是当然啰。”我很自负地说，“这有什么了不起的！我实际上已经长大了，难道不是吗？”

“总而言之，”玛丽－安说，“里弗斯夫人辞退了她之后，乔治勋爵给她在哈弗沙姆的‘威尔士亲王羽毛’酒吧找了一份工作。自那以后，他隔三岔五便驾着马车往那里跑。你总不能说那里的酒比这儿的酒好喝吧？”

“那特德·德里菲尔德为什么还要娶她？”我问道。

“鬼知道。”玛丽－安说，“他在‘威尔士亲王羽毛’酒吧对她一见钟情。我觉得他娶她也是万不得已，因为没有一个体面的女孩会愿意嫁给他。”

“他了解她吗？”

“你最好问他自己去。”

我不说话了，觉得这件事是一个难解之谜。

“她现在看上去怎么样？”玛丽－安问，“她结婚之后我就没有见过她。自从我听说她在‘铁路徽章’酒吧干的那些事之后，我就连话都不跟她说了。”

“她看上去还不错。”我说。

“是吗？你问问她是不是还记得我，看她怎么说。”

第六章

至于那次第二天上午是否和德里菲尔德夫妇一起骑车出去游玩，我是打定主意要去的。不过，我不准备征求叔叔的同意，情知那样不会有好的结果——假如让他知道了，他一定会发作一场，我也就难以成行了。如果特德·德里菲尔德问我有没有得到我叔叔的许可，我准备对他说已经得到了。但末了，这个谎却没必要撒了。那天下午潮水涨得很高，我到海边游泳，叔叔正好要去镇上办事，和我一起走了一段路。正当我们路过“熊与钥匙”客店的时候，特德·德里菲尔德从里面走了出来。他看见了我们，就径直朝我的叔叔走了过来，表情冷淡，叫我见了大吃一惊。

“你好，牧师，”他说道，“不知道你是不是还记得我？小时候我经常在唱诗班唱歌。我是特德·德里菲尔德。我家老爷子是沃尔夫小姐的管家。”

我叔叔胆子很小，听了他这一通突兀的话，不由吃了一惊。

“哦，还记得。你好！令尊不幸去世，我听说后心里很难过。”

“我有幸结识了令侄。不知你是否允许他和我明天一起骑车出去转转——他一个人骑车是很乏味的。我明日打算去弗恩教堂给碑刻做拓片。”

“谢谢你的好意，不过……”

我叔叔正要拒绝，德里菲尔德却打断了他的话。

“我一定会关照他，不让他做出格的事。我觉得他会对做拓片感兴趣。我会赠给他纸和蜡，用不着他花一分钱。”

我叔叔的思维不大有连贯性，一听说特德·德里菲尔德要花钱为我买纸和蜡，他顿时大为生气，竟完全忘了他的本意是绝对不允许我去的。只听他说道：

“他用的纸和蜡完全可以自己付钱。他有很多零用钱，花在这上面总比买糖果吃把牙齿蛀坏了强。”

“那好吧。如果他到海沃德文具店买，就说要买我买的那种纸和蜡，他们就会拿给他的。”

“我现在就去。”我说完，生怕叔叔改变主意，便飞也似的穿过马路跑了。

第七章

我真不明白为什么德里菲尔德夫妇那么关心我，也可能纯粹是出于好心吧。我小的时候比较迟钝，不善言谈，不知怎么就引起了特德·德里菲尔德的兴趣。或许，他见我老摆出一副高高在上的架势，心里觉得很有意思吧。我自以为跟他交往是一种屈尊俯就，因为他不过是沃尔夫小姐管家的儿子，不过是我叔叔所说的廉价文人。一次，我提出要借一本他写的书看看，也许语气有那么一点不可一世，他回答说我不会感兴趣的，我却将他的话当了真，也就没再说什么。叔叔自从那次同意了我和德里菲尔德夫妇一起骑车子出游之后，便没有再反对我和他们来往。于是有时我们一起荡舟，有时一起去某个风景如画的地方，由着德里菲尔德画上几幅水彩画。不知那时候英国的气候是否比现在好，抑或那只是我少年时代的幻觉，反正我好像记得那年夏季天天都阳光灿烂，好天气就从未间断过。我开始对家乡那起伏的山川，那富饶的物产，那旖旎的风光产生了一种奇特的情感。我们骑得很远，到一个个教堂去摹拓那些碑刻，碑刻上有身披甲胄的骑士，也有穿着僵硬的鲸骨圆环裙的贵妇。特德·德里菲尔德对这种纯真的追求乐此不疲，使我深受感染，也跟着满怀激情地拓了起来。我很得意地把自己辛勤的劳动成果拿给我叔叔看，想着他应该心存这样一个念头：不管我交往的是什么人，只要我去的是教堂，对我就是没有什么坏处的。我们摹拓的时候，德里菲尔德夫人总留在教堂院子里，既不看书，也不做针线活，只是在院子里闲逛。她无所事事，好像无论待多长时间都不会感到无聊。有时我会出去跟她在草地上坐一会儿，海阔天空地闲聊一阵子，聊我的学校、我的校友和我的老师，聊黑马厩镇的居民，有时则什么话也不说，只是坐在那儿。她称我为艾舍登先生，这使得我很高兴，因为她大概是第一个这么称呼我的人，让我觉得自己已经长大了。我特别讨厌别人叫我威利[①]少爷，心里觉得这样的称呼对任何人来说都是很可笑的。说实在的，其实我对自己的姓和名都不喜欢，曾经绞尽脑汁地花了很多时间想给自己起一个妥当的名字。我比较喜欢罗德里克·雷文斯沃思这个姓名，于是就练签名，用潇洒的笔迹在纸上写满了这个姓名。另外，我觉得卢多维克·蒙哥马利这个姓名也是蛮不错的。

玛丽－安告诉我的关于德里菲尔德夫人的那些事叫我久久难以释怀。尽管从理论上讲，我知道结婚后男女之间会做什么事，而且可以直截了当地说上几句，但实际上却懵懵懂懂。我觉得玛丽－安说的那种事情的确很恶心，然而却一点也不相信。例如，我明明知道地球是圆的，然而却感觉它是平的。德里菲尔德夫人看上去是那么坦率，笑声是那么爽朗、纯真，一举一动都显得那么富有朝气，那么天真烂漫，叫我无法想象她会勾搭水手，尤其无法想象她会和乔治勋爵那样粗俗讨厌的人混在一起。她一点儿都不像我在小说里看到过的那种坏女人。当然我也知道她算不上“举止端庄”——她

① 威廉的昵称。

说话带有黑马厩镇的口音，时常会把词首的“h”音漏掉，有时说出的话语法错误百出，令人瞠目。尽管如此，我还是禁不住喜欢她。我最终得出结论：玛丽－安告诉我的事情都是一派胡言。

一天，我偶然向她提起了玛丽－安，说她是我们家的厨娘。

“她说她在黑麦巷居住时，曾经住在你家隔壁。”我补充了这么一句，满心以为德里菲尔德夫人会说她从来没听说过玛丽－安这么个人。

谁知她嫣然一笑，一双蓝眼睛闪闪发亮，说道：

“是的。她那时常带我一起去主日学校，还叮咛我上课时不要乱说话。我听说她去牧师家干活了，真想不到她还在那儿！多年不见了，我真想再见见她，聊聊过去的岁月。千万代我向她问好，请她哪天晚上得空到我那儿去。我请她喝茶。”

我听了不禁一愣。德里菲尔德夫妇当时住的毕竟是租屋，只是说着要买下来，境遇很是“平常”，请玛丽－安去喝茶极为不妥，会让我十分尴尬的。他们好像把握不住分寸，不知道什么事情当做，什么事情不当做。他们经常当着我的面谈起他们过去生活中的一些事情，叫我很不自在——依我看，那种事情再怎么着也不该重新提起。我哪里知道当时的社会崇尚浮华，没有钱的装有钱，没有社会地位的装有社会地位，现在回想起来，他们都戴着假面具生活，到处都弥漫着装腔作势的气氛。你绝对看不到他们仅套着衬衣袖子，把脚跷到桌子上的现象。太太小姐们大门不出二门不迈，喝下午茶时才盛装露面——她们比较抠门，过日子精打细算，就是请你吃顿家常便饭也是不可能的。然而，她们要是设宴招待贵客，饭桌上无不摆满佳肴。这样的人，即便家里出了什么祸事，也会将打掉的牙往肚子里咽，照样把头抬得高高的，似无事一般。倘若哪家的不肖子娶了一个女戏子，这户人家是绝不会提及这个家丑的。即便街坊邻居纷纷议论这件婚事太过惊世骇俗，也绝不会在这家人面前提到什么看戏不看戏。人人皆知买下“三山墙”豪宅的格林考特少校的夫人跟商界有着千丝万缕的联系，但无论是她还是少校都守口如瓶，只字不提这个不光彩的秘密。大家也讳莫如深，虽在背后嘲笑他们，然而当着他们的面却总是客客气气，连买卖陶器的字眼都不提起（这桩买卖使得格林考特夫人财源滚滚）。这样的传闻亦不鲜见：父亲一怒之下会取消儿子的继承权，或者令女儿（即像我母亲那样嫁了一个律师的女子）再也不要踏进家门。这种现象我早已司空见惯，觉得十分寻常。因而，当特德·德里菲尔德说起他在霍尔本街的一家饭馆里当过侍者，那语气就好像在说天下最为普通的一件事，我听了哪能不震惊！我知道他曾经离家出走，去海上当了水手，极富浪漫色彩。我在小说中经常看到这样的人物，他们漂泊四海，有过许多惊心动魄的冒险经历，最后娶了侯门里一个嫁妆丰厚的千金小姐。可是，特德·德里菲尔德却不是这样——他航海归来后在梅德斯通镇[①]赶过出租马车，在伯明翰的一个售票处当过售票员。有一次，我们骑车经过“铁路徽章”酒吧，德里菲尔德夫人相当随意地提到她曾经在这个酒吧里工作过三年，就好像在说一件谁都会干的事情一样。

“最初我就是在这儿干活的，”她说道，“后来又去了哈弗沙姆的‘威尔士亲王羽毛’酒吧，一直到结婚才离开了那儿。”

① 位于肯特郡心脏地带的一个古镇。

她说完笑了，仿佛在回忆一件令人感到愉快的往事。我却窘得满脸通红，不知该说什么才好，也不知该看哪里好。还有一次我们骑车远游，回来的时候经过弗恩湾，由于天气很热，我们都有些口渴，于是德里菲尔德夫人建议到"海豚"酒吧去喝杯啤酒。进了酒吧，她和站在吧台后的女孩聊起来，说她在酒吧当过五年招待，听得我目瞪口呆。店主人过来招呼我们，特德·德里菲尔德请他喝了一杯酒。德里菲尔德夫人说也该请那个吧台女孩喝一杯波尔图葡萄酒才是。接着，他们亲切地交谈了一阵子，聊这一行的行情，聊酒厂酒吧，聊物价上涨的根由。我不知所措地傻站着，身上热一阵冷一阵，左也不是右也不是。末了，我们一行出酒吧时，只听德里菲尔德夫人说道：

"我很喜欢那姑娘，特德。她应该是个心里有谱的人。我对她说当女招待固然很辛苦，不过也挺快活，只要擦亮眼睛，出牌出得准确，就能嫁个好丈夫。我留意到她戴着订婚戒指，她却说她之所以戴订婚戒指是想让客人寻她逗乐子。"

德里菲尔德听了哈哈大笑。他的夫人转身对我说道：

"我当女招待那会儿，日子过得很快活，但终究不能永远做下去。你总得想想自己的将来呀。"

这已经够叫我愕然了，谁知更令人吃惊的事情还在后头呢。当时九月已经过了一半，我的暑假也快要结束了。我满脑子装的都是德里菲尔德夫妇的事情，但每次在家里想说说他们，都会被叔叔用几句话噎回去。

"我们可不想整天听你唠叨你的那两个朋友。"他会这般说，"比这更合适的话题有的是。我倒是觉得，特德·德里菲尔德出生在这个教区，又跟你几乎天天见面，不妨让他抽空来教堂做做礼拜。"

一天，我对德里菲尔德说："我叔叔希望你们能去教堂做礼拜。"

"好吧。下星期天晚上咱们到教堂去，罗茜。"

"去就去吧。"罗茜说。

我把这件事告诉了玛丽－安。做礼拜的那天，我坐在那位乡绅背后牧师家属的位子上，不方便四处张望，但从过道另一侧我的邻座的举止中就知道他们来了。第二天我找了个机会，开口问玛丽－安看见他们没有。

"我倒确实看见她了。"玛丽－安板着脸说。

"礼拜结束后你和她说话了吗？"

"我跟她说话？"玛丽－安顿时气不打一处来，"你给我从厨房里出去。你怎么老跑到这里来搅扰人？你总在这儿碍手碍脚，我还怎么干活？"

"好吧，"我说，"你别发火嘛。"

"真不明白你叔叔怎么能让你和他们这样的人到处乱跑。你瞧她帽子上插满了花。真不知她怎么还有脸见人！快走吧，我忙着呢。"

我不知道玛丽－安为什么会发这么大的火，我再没有提起德里菲尔德夫人。不过，两三天后我去厨房拿一样我需要的东西，却发现事情出现了转机。我们家住的那座牧师宅子有两个厨房：一个小的是供家里人口少的牧师做饭用的；另一个是大厨房，大概是供家里人口多的牧师使用，也是为了举办盛大宴会款待当地上等人士时使用。玛丽－安干完一天的活，常坐在这个大厨房里做针线活。我们家八点钟吃晚饭，只是吃些冷食，所以上了茶点后她就没什么事了。那天快到七点的时候，暮色降临，正是埃米莉下班出去的时刻，我以为玛丽－安独自一个人在厨房里，谁知在过道里却听见里面有说话声和笑声。于是我便暗忖肯定是有人来看望玛丽-安了。厨房里点着灯，不过上面有个厚厚的绿色灯罩，所以里面显得相当昏暗。我看见桌上摆着茶壶、茶杯，玛丽-安正在和来客品晚茶聊天。我把门推开的时候，屋里的谈话便停止了。我听见一个声音打招呼道：

"晚上好！"

我不禁一怔，因为玛丽-安的客人竟是德里菲尔德夫人。玛丽-安见我感到意外，便微微一笑说：

"罗茜·甘恩来和我一块儿喝杯茶。我们正畅谈往昔的岁月呢。"

玛丽-安被我发现在接待罗茜，不禁有点窘迫，但再窘迫也不如我窘迫。德里菲尔德夫人看起来则坦然自若，她冲我嫣然一笑，笑容还是那般孩子气，那般调皮。不知怎的，我还特意留心了一下她的装束。大概是因为我从没见她穿得如此华丽吧。但见她上穿一件浅蓝色衣服，腰身紧束，袖子肥大，下穿一条长裙，底部镶着荷叶边，头戴一顶黑色大草帽，上面点缀着一大堆玫瑰花、绿叶以及蝴蝶结。显然，星期天去教堂时她戴的就是这顶帽子。

"我觉得我要是等着玛丽-安去看我，恐怕非得等到世界末日喽，所以我最好还是登门拜访她的好。"

玛丽-安不好意思地咧嘴笑了笑，但并无不悦之色。我向她要了我需要的东西，就匆匆离开了。来到花园里，我漫无目的地转悠着。后来，我朝前走到大路那儿，往大门外张望。此时夜色已经降临。过了不久，我看到一个男子慢悠悠地走了过来。我并没有特别注意他，但是他老在外边路上踱来踱去，好像是在等什么人，这才引起了我的关注。起初我以为那也许是特德·德里菲尔德，正要走过去，却见他停下脚步点烟斗——借着火光我发现那人是乔治勋爵。我有些犯糊涂，不知道他到这儿来干什么，后来心里突然闪过一个念头：他在等德里菲尔德夫人！我的心跳加快，尽管身处茫茫的夜色里，但我还是退后几步，躲进了矮树丛的阴影中。又等了几分钟，我看见边门开了，德里菲尔德夫人被玛丽－安送了出来。接着我便听见了她走在石子路上的脚步声。她走到大门前，一推门，门吱呀一声开了。乔治勋爵闻声穿过马路迎上前去，没等她出来便溜进了门去，一把将她揽到怀里，紧紧搂住了她。她咯咯一笑，低声说：

“当心我的帽子。”

那时我离他们不到三英尺，心里怕得要命，唯恐被他们发现。我真为他们感到害臊，心里惴惴不安，浑身都在发抖。他搂了她一会儿，随后也压低了声音问道：

“就在这花园里怎么样？”

“不行，那孩子在这儿呢。咱们还是到田地里去吧。”

他用胳膊搂着她的腰，二人一起走出大门，消失在了夜色里。我只觉得一颗心扑通扑通地乱跳不止，连气都快喘不过来了。刚才那一幕令我震惊极了，我简直都无法理性思考了。我巴不得能找个人诉说此事，但这个秘密非同小可，不能泄露。此事干系重大，我不由激动了起来，慢步走到边门跟前，从那儿进了屋。玛丽－安听到开门声，便高声叫道：

“是你吗，威利少爷？”

“是的。”

我朝厨房里看了一眼，见玛丽－安正把晚饭放在托盘里，准备端进餐厅。

“罗茜·甘恩来访的事，我不会向你叔叔提起。”她说道。

“哦，是的。”

“这件事真是太出乎人的意料了。我听到有人在敲边门，开门一看，竟看见是罗茜站在那儿，一时间我简直惊得魂都没有了。她叫了一声我的名字，没等我回过神来就在我的脸上亲个没完。我只好把她请进来，然后便不得不请她喝茶。”

玛丽－安急着为自己开脱。她对我说了那么多德里菲尔德夫人的坏话，现在却让我看到她们俩坐在一起有说有笑，她觉得我心里一定感到很奇怪。不过，我并不想叫她难堪，于是便说道：

“她还不是太坏，是吧？”

玛丽－安笑了，尽管露出了一口黑蛀牙，但笑容还是甜美而动人的。

“我也不知道是怎么回事，反正她身上有一种东西，叫你不得不喜欢她。她在这儿坐了快一个小时，说真的，一点盛气凌人的架子都没有。她亲口告诉我说她身上穿的那件衣服的料子每码价值十三英镑十一先令，这我相信。她什么都记得，记得她还是个小不点的时候我怎么给她梳头，吃茶点前我怎么叫她去洗她的小手。不瞒你说，她母亲有时候会把她送到我们家来和我们一道吃茶点。那时候她漂亮得就像是画里的人。”

玛丽－安回想着往事，皱着一张有些滑稽的脸，一副伤感的神色。

“唉，”她停顿了一会儿说，“我敢说，比她更为堕落的大有人在，只要查一查那些人的底细便可真相大白。毕竟，她所处的环境是极具诱惑性的。好些人对她说三道四，恐怕他们自己处于那种环境，也不见得就比她强。”

第八章

天气突然变了，大雨倾盆，寒气袭人，使得我们的出游戛然而止。我并不感到遗憾——自从那天瞧见德里菲尔德夫人和乔治·坎普幽会之后，我真不知该怎样看她了。我倒没有多么震惊，只是感到诧异，不明白她怎么会愿意让一个上了年岁的人亲吻。回想起自己读过的小说，我脑海里闪过了一些古怪的念头，觉得乔治勋爵可能是掌握了她什么不可告人的秘密，将她牢牢控制在了手中，迫使她接受他恶心的拥抱。我的想象如脱缰的野马，想到了种种可能发生的可怕的事情，想到了重婚罪、谋杀罪和伪造罪。在小说里，流氓恶棍如果得知某个不幸的女子犯了这样的罪，便以举发为胁迫手段，几乎没有不得逞的。要不然就是德里菲尔德夫人欠下了他什么债务？我心乱如麻，理不出个头绪，但有一点却很清楚：后果严重。我幻想着她痛苦的情状（她彻夜难眠，穿着睡衣守在窗口，美丽的长发垂到膝头，绝望地坐以待旦），仿佛看见我自己（不是一个每星期有六便士零花钱的十五岁的男孩，而是一个彪形大汉，留着上了蜡的八字胡，肌肉发达，身穿威风凛凛的晚礼服）救她于水火之中，使她摆脱了敲诈她的坏人的纠缠，表现出了英雄气概和非凡的智慧。但换个角度看，对于乔治勋爵的爱抚，她似乎并无不情愿之色。

我耳边似乎老回荡着她的笑声——那笑声里有一种我从未听到过的情调，叫我莫名其妙地呼吸加快。

假期结束前，我又见到了德里菲尔德夫妇一次，也是最后的一次。我是在镇上偶然碰见他们的。他们停下来和我说话，而我突然又像从前那样变得扭扭捏捏，瞥一眼德里菲尔德夫人就禁不住窘得涨红了脸——她却一脸的平静，看不出做过什么亏心事。她用一双柔和的蓝眼睛看着我，流露出小孩子般顽皮的神情。她微微张着嘴，仿佛随时都会绽开笑容，两片嘴唇丰满、红润。她脸上神情诚恳、天真，坦坦荡荡的，虽然我当时无法将这些用语言表达出来，却有着强烈的感受。如果那时叫我用语言来表达的话，我大概会说：她看上去天真无邪，不可能跟乔治勋爵“有一腿”。对于自己看到的那一幕，我持怀疑的态度，认为其中必有缘故。

返校日到了，我该回去上课了。马车夫已把我的行李箱运往火车站，我独自一人步行到那儿去。我不肯让婶婶送我，觉得独自一人去车站更有男子汉气概，可是走到大街上，情绪却很低落。我坐的这趟车走的是去特堪伯里的一条小支线，车站设在镇子的另一头，靠近海滩。我在车站买了车票，在三等车厢的一个角落里坐下。这时我忽然听到有一个声音叫道：“他在那儿。”接着就见德里菲尔德夫妇兴冲冲地跑了过来。

“我们觉得必须来送送你。”德里菲尔德夫人说，“你是不是心里不好受？”

“没有，当然没有。”

“嗨，分别的时间不会太长的。你回来过圣诞节的时候，咱们有的是时间。你会溜冰吗？”

“不会。”

“我会。到时候我教你。”

她情绪高涨，使我的心情也好了起来。这时，我想到他们特地来车站和我道别，不禁感动得喉咙哽住了。我尽力控制住内心激动的情绪，不让它显露在脸上。

“这学期我大概要花不少时间去打橄榄球，”我说，“按理应该可以进校队的乙级队。”

她亲切地看着我，眼睛闪闪发亮，启开两片丰润的红嘴唇嫣然一笑。她的笑容里总有种我喜欢的东西，而她的声音似乎有些颤抖，不知是因为喜还是悲。刹那间，我感到忐忑不安，生怕她会亲我，不由慌了神。她不停地说着话，有点像成年人在叮咛小学生。德里菲尔德一声不吭地站在一旁，喜眉笑眼地望着我，一边捋着胡子。后来，站警吹响了刺耳的哨子，挥了挥手中的一面红旗。德里菲尔德夫人抓住我的手握了握。德里菲尔德走上前来说：

“再见，这是给你的一点小意思。”

他把一个小纸包塞到了我手里。火车开动后，我打开纸包，发现里面是两枚半克朗[①]的银币，外面裹着一张手纸。我的脸一下子涨得通红——我能多五个先令的零花钱心里自然高兴，但是想到特德·德里菲尔德竟敢给我赏钱，心里便感到非常气愤和羞耻。我怎么也不能从他手里讨小钱。我固然和他一起骑过车、荡过舟，但是他又不是什么大老爷（我是从格林考特少校那儿听说这个称呼的），竟赠给我五个先令，这无异于是对我的侮辱。起初，我想什么也不说，把钱退还给他就是了，以沉默来表示我对他失礼的愤慨。后来，我在脑子里拟定了一封很有尊严、措辞冷淡的信，表明我很

① 英国旧制硬币，相当于两先令六便士。

感谢他的慷慨，但是他必须清楚一个绅士是不可能从一个几乎素昧平生的人手里接受赏钱的。我心里翻江倒海，把这事反复思忖了两三天，越思忖越难以舍弃这两枚钱币。我相信德里菲尔德赠钱是出于善意，只是处理不得当，不懂人情世故罢了，把钱退回去会伤害他的感情，于是最终我还是把这两枚硬币花掉了。不过，我没有给他写信表示感谢，以此安慰我那受到了伤害的自尊心。

然而，到了圣诞节，我回黑马厩镇过节时，心里最想见的仍是德里菲尔德夫妇。在这个死气沉沉的小地方，只有他们似乎还和外面的天地有着某种联系（这时的我对外面的世界开始产生热切的憧憬和强烈的好奇心）。可是我无法克服怕羞的毛病，不敢登门拜访他们，只希望能在镇上碰见他们。谁知天气是那么糟糕，呼啸的狂风在街道肆虐，砭人肌骨。即便有因事上街的妇女，也是寥寥无几，她们个个被风刮得步履蹒跚，裙子鼓鼓的，宛若在暴风雨中挣扎的渔船。冷雨在狂风的裹挟下劈头盖脸地浇下。夏天的黑马厩镇风光旖旎、景象怡人，现在这里却一派肃杀之气，天空如一块巨大的棺材罩布，黑沉沉罩在大地的上方。因此，在街上碰见德里菲尔德夫妇的希望已经十分渺茫。最后，我终于鼓起勇气，有一天用完下午茶点后溜出了家门。从家里到车站的那段路一片漆黑，但是却有路灯，虽然很少，灯光也很昏暗，不过走人行道还是轻松的。德里菲尔德夫妇住在一条偏街上的一幢两层楼的小房子里，黄砖墙颜色已经暗淡，上面有一扇凸窗。我敲了敲门，不一会儿就有一个小女佣跑来打开了门。我问她德里菲尔德夫人在不在家。她犹疑不定地看了我一眼，然后让我在过道里等候，说她进去看看。我听到隔壁房间有人说话，但女佣一推开那个房间的门，说话声就戛然而止了。女佣进去后，便把门关上了。我隐隐约约有种神秘的感觉：但凡有朋友到我叔叔家，即使客厅里没生火，也没点灯，他们也会即刻将朋友迎到那儿去。不过，就在我这般思忖间，那扇门开了，德里菲尔德走了出来。过道里光线很暗，起初他看不清来客是谁，但很快就认出了我。

“哦，原来是你。我们正想着什么时候才能见到你呢。”接着他大声喊道：“罗茜，是艾舍登小老弟。”

里面有人叫了一声。一眨眼的工夫，德里菲尔德夫人已经跑到了过道里，和我握起了手。

“快进来，快进来。把外套脱了。这天气实在糟透了，是吧？你一定冻坏了。”

她帮我脱下外套，解下围巾，抢过我手里的帽子，把我拉进了那个房间。房间又闷又热，空间很小，摆满了家具，壁炉里生着火。他们有煤气灯，而牧师公馆里是没有的——那是三盏蒙着毛玻璃球形灯罩的灯，刺眼的光线将房间照得通亮。空气里弥漫着烟草味，显得灰蒙蒙的。起初，我被刚才那一阵热情洋溢的欢迎搞得头晕目眩、大吃一惊，进屋时只见有两个男子起身迎接，却没看清他们是谁。定下心神后，我才认出一个是助理牧师盖洛韦先生，另一个是乔治·坎普勋爵。我觉得助理牧师和我握手的时候有点儿拘谨，他对我说道：

“你好！我也是刚来——德里菲尔德先生借给我几本书，我是来还书的。德里菲尔德夫人太客气，请我留下来喝杯茶。”

与其说我是看到，倒不如说是感觉到德里菲尔德揶揄地瞅了盖洛韦先生一眼。随后他说了几句有关不义之财[①]的话。我听出他说的是引语，却不解其意。盖洛韦先生大笑起来。

“我不太清楚。那么税吏和罪人得来的钱算不算不义之财呢[②]？”

我觉得盖洛韦的话很不得体，但就在这时我却被乔治勋爵缠住了。乔治勋爵似乎心无芥蒂，对我说道：

“嗨，小伙子，回来过假期啦？瞧瞧，你都长成个大人了。”

我冷淡地和他握了握手，心里直后悔不该到这儿来。

“我来给你倒杯香喷喷的浓茶。”德里菲尔德夫人说。

“我已经吃过茶点了。”

“那就再吃点嘛。”乔治勋爵说道，听口气就好像他是这儿的主人似的（这是他的一贯作风），“像你这样一个大小伙子，再吃一块黄油果酱面包肯定不在话下。就让德里菲尔德夫人用她那双漂亮的手亲自给你切上一块吧。”

茶点还摆在桌上，他们围坐在桌旁。有人给我拿来一把椅子，德里菲尔德夫人给了我一块蛋糕。

“我们正在请特德给大家唱首歌呢。”乔治勋爵说，“来吧，特德。”

“就唱《对一名战士忠贞不渝》吧，特德，”德里菲尔德夫人说，“我喜欢这首歌。”

“不好，还是唱《我们第一次和他一起拖地板》吧。”

“你们要是不介意，我两首都唱。”德里菲尔德说。

---

① 见《圣经·新约·路加福音》第十六章第十节至第十二节。耶稣对门徒说：“人在最小的事上忠心，在大事上也忠心；在最小的事上不义，在大事上也不义。倘若你们在不义的钱财上不忠心，谁还把那真实的钱财托付你们呢？”

② 见《圣经·新约·马太福音》第十一章十九节。

他拿起搁在竖式小钢琴顶上的班卓琴[1]，调好音就弹唱了起来。他有一副很浑厚的男中音嗓子。对于人们即兴唱歌的现象我早就习以为常了——客人来我家参加茶会，或者我去少校和医生家参加茶会，每每会见到客人们带乐谱来。他们把乐谱放在门厅里，免得让人觉得他们渴望别人请他们演奏或唱歌。可是吃过茶点，女主人问他们有没有把乐谱带来，他们就会难为情地承认带来了。如果是在我们家，大人们会吩咐我去拿乐谱。有时，女主人请某位年轻小姐弹唱，后者会推托说她已经很久没有练了，而且也没有把乐谱带来，这时候她的母亲就会插进来说她替女儿带来了。不过，来宾一般不唱喜剧歌曲，而是唱《为君献上阿拉伯之歌》《晚安，亲爱的》或者《我心中的女神》这类歌。有一次，镇上在集会厅举办一年一度的音乐会，布店老板史密森唱了一首喜剧歌曲，博得后排的听众一片喝彩，但坐在前面的绅士们却觉得毫无情趣。也许当真如此吧。总之，在次年音乐会举办之前，有人提醒他在选歌时应该谨慎一些（诸如“别忘了有夫人小姐们在座，史密森先生”这种话），于是他唱了《纳尔逊之死》。德里菲尔德唱的第二首歌里有段合唱，于是助理牧师和乔治勋爵就兴冲冲地加入了进去。后来，这首歌我听人唱过很多次，但只记住了其中的四句歌词：

我们第一次和他一起拖地板，
拽着他上楼又下楼。
拉着他在屋里团团转，
钻到桌子底下，跨过椅子上面。

---

① 一种弦乐器。十七世纪流行于西非奴隶中，后在美国广泛流传。

他们的歌声一停，我便转向德里菲尔德夫人，以极其斯文、极其礼貌的语气问：

“你平时不唱歌吗？”

“唱是唱，只是唱得不怎么样，所以特德不鼓励我唱歌。”

德里菲尔德放下班卓琴，点着了烟斗。

“嗨，特德，你那本书写得怎么样了？”乔治勋爵关切地问。

“哦，还行。我正在继续写呢。”

“特德老兄就知道写书。”乔治勋爵笑着说，“你何不收收心做点正事，让生活有点改变？我可以在我的办公室里给你安排一份工作。”

“哦，我这样挺好。”

“你就由着他去吧，乔治。”德里菲尔德夫人说，“他就喜欢摇笔杆子。要我说，只要高兴，何不由着他？”

“好吧，对于写书我是一窍不通，我不能不懂装懂。”乔治·坎普说。

“那就抛开这个话题不说吧。”德里菲尔德笑吟吟地说。

“我认为《美丽的避风港》是当之无愧的一本好书，”盖洛韦先生说，“不管评论家怎么说，反正我是这么想的。”

“唉，特德，我从小就认识你，可是你写的东西我怎么看都看不明白。”

“嗨，得了，咱们就不要谈什么书不书了。”德里菲尔德夫人说，“特德，再给我们唱首歌吧。”

“我该走了。”助理牧师说。随后，他又把头转向了我。“咱们俩一块儿走吧。德里菲尔德，有什么书可以借我看看吗？”

德里菲尔德指着堆在房间角落一张桌子上的一摞新书说：

“你自己挑吧。”

“天哪，这么多！”我贪婪地看着那堆书说。

“哦，全是乱七八糟的东西。都是寄来要我写评论的。”

“你怎么处理这些书呢？”

“送到特堪伯里卖废纸呗，能卖多少钱就卖多少钱，用卖来的钱买肉吃。”

我和助理牧师走了，他腋下夹了三四本书。出了门后他问我：“你到德里菲尔德家来告诉过你叔叔吗？”

“没有，我原来只是出来散步，后来突然想到应该来看看他们。”

当然，这话与事实有所偏离，但我不想告诉盖洛韦先生。我虽然已经长大，然而我叔叔却没有意识到这一点，依然会设法阻拦我去拜访他所不齿的人。

“我要是你的话，除非万不得已，否则我就什么都不提。德里菲尔德夫妇俩人很不错，可是你叔叔很看不惯他们。”

“我知道。”我说，“这实在没道理。”

“当然，他们是很粗俗，可是他写的东西却是非常棒的。你不妨考虑一下他的出身，他能写书就算很了不起了。”

我很高兴摸清了情况：盖洛韦先生显然不希望我叔叔知道他和德里菲尔德夫妇关系亲密。这下子我心里有了把握，认为他绝不会出卖我。

如今德里菲尔德早已被公认为维多利亚时代后期最伟大的小说家之一，回想当初我叔叔的助理牧师谈到他时的那种高高在上的语气，难免会令人忍俊不禁。不过话又说回来，那时的黑马厩镇人提到他，一般都用的这种语气。一天，我们到格林考特夫人家去喝茶。她的一个表姐那会儿正住在她家，听说这位表姐很有文化修养，其夫是牛津大学的教师。

此人就是恩科姆夫人，她是个小个子，满脸皱纹，一副热情洋溢的样子。最叫人感到惊讶的是她的打扮和装束：一头银丝剪得非常短，穿一条黑哔叽短裙，脚蹬一双方头靴子——那裙子短得刚能遮住靴口。她是我们黑马厩镇上的人见到的头一个新女性。我们感到惶恐不安，立刻对她有了防范之心，因为她看上去很有知识，令我们相形见绌。（事后我们大家却百般讥笑她。我叔叔对婶婶说："喂，亲爱的，谢天谢地你不聪明，至少可以不令我难堪。"婶婶听了就开玩笑般把叔叔那双放在火炉旁烘暖的拖鞋拿起来套在自己的靴子上，说："你瞧，我也是新女性。"这时大家便随声附和说："格林考特夫人真是个奇人，谁知道她接下来能做出什么事情来。不过，当然喽，她到底也不是个有身份的人。"我们对她的出身总念念不忘——她父亲是做瓷器的，祖父是工厂里的一个工人。）

不过，当恩科姆夫人谈论她所认识的人，大家听了都觉得十分有趣。我叔叔上过牛津大学，但是他问到的每个人似乎都去世了。恩科姆夫人认识汉弗莱·沃德夫人[①]，对她写的《罗伯特·埃尔斯梅尔》一书大为赞赏。我叔叔却认为那是一本绯闻小说，他心里奇怪的是就连那个自称是基督徒的格莱斯顿先生[②]对此书也不吝赞赏之词。他们为此还争论过一番。我叔叔说他认为此书会颠覆人们的人生观，使人产生不应有的念头。恩科姆夫人回答说如果我叔叔认识汉弗莱·沃德夫人的话，就不会这样想了。汉弗莱·沃德夫人是马修·阿

---

① 汉弗莱·沃德夫人（Mrs. Humphry Ward，1851—1920），英国社会改革家、小说家，活跃于十九世纪八九十年代。其最著名的小说是《罗伯特·埃尔斯梅尔》。

② 威廉·尤尔特·格莱斯顿（William Ewart Gladstone，1809—1898），英国政治家、经济学家，四次出任英国首相，四次出任财政大臣。

诺德先生[1]的侄女，品德十分高尚。不管你对这本书的评价如何（恩科姆夫人本人也很乐意承认，其中部分章节最好略去不写），可以肯定的是她写这本书是出于非常崇高的动机。恩科姆夫人也认识布劳顿小姐[2]，说她虽出身于一个很好的家庭，但不可思议的是竟然写了那样的书。

“我看不出她的那些书有什么不好的，”医生的妻子海福思夫人说，“反正我很喜欢，尤其是那本《她像玫瑰一样红》。”

“你肯让你的女儿看吗？”恩科姆夫人问。

“眼下也许还不行，”海福思夫人说，“可是等她们结了婚，我就不会反对了。”

“那么，有件事你知道了也许会感兴趣，”恩科姆夫人说，“去年复活节我在佛罗伦萨的时候，有人介绍我认识了韦达[3]。”

“那是另一回事，”海福思夫人反驳说，“我不相信哪个有身份的女子会去看韦达写的书。”

“我出于好奇看过一本，”恩科姆夫人说，“依我看，此书不像出自一个有教养的英国女作家之手，倒像是一个法国男人写的。”

“哦，不过据我所知，她并不是真正的英国人。我一直听人说她的真名叫德·拉拉梅小姐。”

就在这时，盖洛韦先生提到了爱德华·德里菲尔德。

“你们知道我们这儿就住着一位作家。”他说。

---

① 马修·阿诺德（Matthew Arnold，1822—1888），英国诗人、评论家。曾任牛津大学诗学教授。

② 布劳顿小姐，全名罗达·布劳顿（Rhoda Broughton，1840—1920），英国女作家。

③ 韦达，原名玛丽·路易丝·德拉·拉梅（Marie Louise de la Ramée，1839—1908），英国女作家，其父是法国人。“韦达”（Ouida）是她的笔名。

“此人并没有什么特别值得骄傲的，”少校说，“他是老沃尔夫小姐管家的儿子，娶了一个酒吧女招待。”

“他会写书吗？”恩科姆夫人问。

“乍眼一看，他并非有教养的人，”助理牧师说，“但在逆境中笔耕不辍，写出那样非同凡响的作品，就很了不起了。”

“他是威利的朋友。”我叔叔说。

大家将目光都转向了我，叫我感到很不自在。

“去年夏天他们在一起骑自行车来着。威利回学校后，我从图书馆借了一本他的书，想看看他写些什么，结果只看了头一篇就把书还了。我给图书馆长写了一封措辞相当严厉的信，后来很高兴地听说那本书已下架，停止外借了。假如那本书是我自己的，我会立刻把它丢到厨房的炉子里去。”

“我看过一本他的书，倒是看完了。”医生说，“我觉得很有意思，因为故事的背景就是本地区，有些人物我也熟悉。不过，我说不上喜欢这本书，自认为大可不必写得那么粗俗。”

“我向他提过这一点，”盖洛韦先生说，“但他说那些去纽卡斯尔运煤的船员，那些渔民和农场工人，不可能在言谈举止上像绅士和淑女那般温文尔雅。”

“那他为什么要写这种人？”我叔叔说。

“我也是这么看的。”海福思夫人说，“人人都知道世上不乏粗俗、奸诈、邪恶之人，但我不明白把他们写进书里有什么好处。”

“我并不是替他辩解，”盖洛韦先生说，“而只是把他的解释转述给诸位。当然，他还搬出了狄更斯作为说辞。”

“狄更斯可就不一样了。”我叔叔说，“我看不会有人瞧不上《匹克威克外传》[1]的。”

“我看这是一个仁者见仁智者见智的问题。”我婶婶说，“我总觉得狄更斯的作品很粗俗，书中主人公说话总是省略‘h’音，我不想读这样的故事。我得说，现在天气如此糟糕，倒是叫我很高兴，因为这下子威利就不能出去和德里菲尔德先生一起骑车了。我觉得他不该跟那种人交往。”

我和盖洛韦先生都垂下了头。

① 狄更斯的长篇小说，也是他的代表作之一。

第九章

黑马厩镇过圣诞节的气氛并不热烈，于是我常到公理会教堂隔壁德里菲尔德夫妇的那幢小房子里散心，结果每次去都会看见乔治勋爵，有时也会见到盖洛韦先生。我和盖洛韦先生心照不宣，将此视为秘密，也因此成了朋友。我们一旦在牧师公馆相见，或做完礼拜后在教堂的法衣室相遇，都只是狡黠地对视一下。我们谁都不提这个秘密，然而心里却很高兴。也许是因为瞒过了我叔叔吧，我觉得我们俩都十分快慰。可是有一次我突然产生了一个念头：乔治·坎普要是在街上碰见我叔叔，也许会随口说起他经常在德里菲尔德家见到我。

“乔治勋爵会不会说出去？”我问盖洛韦先生。

“不会的，我已经叮嘱过他了。”

我们轻声一笑。我开始有点喜欢乔治勋爵了。开始的时候，我对他态度冰冷，拘谨且客气，而他似乎对我们之间社会地位的差别浑然不觉，于是我得出结论：我虽然摆出了高傲而礼貌的架势，却未能使他知高低、识进退。他总是那么热情友好、轻松愉快，甚至有些咋咋呼呼的——他动辄便说粗话，开我的玩笑，我则用中学生的俏皮话回敬他，常常引得大家哄堂大笑。久而久之，我对他有了好感。他喜欢夸夸其谈，叙说自己心中的伟大志向，我则取笑说那只不过是空中楼阁，他听了不恼不怒，毫不计较。他常常讥讽黑马厩镇的头面人物，惟妙惟肖地模仿他们怪诞的行为，将那些人描述成蠢蛋，听得我十分开心，总会乐得捧腹大笑。他说话露骨，言语粗俗，穿着打扮总是叫人震惊（我从来没有去过纽马克特[①]，也没有见过驯马师，不过我想象中纽马克特的驯马师就是他这副打扮），而且他吃饭时的样子很讨厌，但是我却发现自己对他的反感越来越少了。他每个星期给我一份《粉红周报》[②]，我小心翼翼地将其藏在大衣口袋里带回家，躲在卧室里阅读。

我每次都是在牧师公馆吃过茶点之后才到德里菲尔德家去，可是到了那儿，总要再吃一顿。用过茶点，特德·德里菲尔德就给大家唱喜剧歌曲，有时伴着班卓琴唱，有时伴着钢琴唱。他近视的程度很高，看乐谱就盯着看，往往一唱便是一个小时。这时的他嘴上挂着微笑，遇到合唱的部分，喜欢让我们大家和他一起唱。除此之外，我们还经常在一起玩惠斯特牌[③]。这种游戏我小时候就会玩，在漫长的冬天晚上常和叔叔、婶婶在牧师公馆里玩。每次玩牌，叔叔都是打明手牌。当然，打牌只是为了消遣，可是我和婶婶一旦输了牌，我就会躲到餐厅桌子底下抹眼泪。在德里菲尔德家打牌，特德是不参加的，只推说自己缺乏这方面的禀赋。所以我们一开始打牌，他就拿着一支铅笔坐在壁炉旁，埋头看从伦敦寄来请他写书评的书。我以前从来没有和三个人一起打过这种

---

① 英国的赛马中心。

② 专门报道赛马消息的报纸。

③ 一种由两对游戏者玩的纸牌游戏。

牌，当然打得很不好，而德里菲尔德夫人却天生就会打牌。别看她平时动作慢条斯理，可是一打起牌来便又迅速又警觉，把我们打得落花流水。通常情况下，她说话并不多，要是说起来也是慢声细语的，然而她一旦得胜，便会不厌其烦地向我指出我何处出了错牌，一副和颜悦色的样子，说起话来不仅条理清晰，而且还滔滔不绝。乔治勋爵喜欢开她的玩笑，就跟和别的人开玩笑一样，而她听了仅仅莞尔一笑，很少开怀大笑，有时还会一脸正色地回敬他一句。二人的情状哪里像是恋人，倒像是好朋友。若非她时不时会用一种叫我感到难为情的目光瞅他一眼，我很可能会将自己听到的有关他们的绯闻以及自己亲眼看到的那一幕场景抛到九霄云外。她平时看他，目光总是十分沉静，仿佛她看的是桌椅，而非大活人，眼睛里总有一丝调皮的孩子气的笑意。这时会看到乔治勋爵的脸似乎一下子变得容光焕发，我坐在椅子上左也不是右也不是。遇到这种情况，我会飞快地朝助理牧师瞥一眼，生怕他会看出什么破绽，而他则只注意牌局，要不然就是在点烟斗。

我几乎每天要在这个闷热、狭窄、烟雾弥漫的房间里度过一两个小时——这一两个小时非常短促，一闪而过。眼看假期就要结束了，一想到自己又得回到学校里去过三个月枯燥无味的生活，我就感到沮丧。

“没有你，真不知这牌该怎么打了，”德里菲尔德夫人说，“我们只好打明手牌了。”

我很高兴自己的离去会打乱他们的牌局——我在学校里上课，他们却坐在这小房间里自娱自乐，就像根本没我这么个人似的，这种事我想都不愿想。

“你复活节放几天假？”盖洛韦先生问道。

“大概三个星期。”

“咱们要好好玩玩，”德里菲尔德夫人说，“那时候天气应该好了。咱们上午可以出去骑车，下午用完茶点就打惠斯特。你的牌技已经有了很大的长进。如果复活节假期里咱们再一星期打上三四次，你便不用怕跟任何人对垒了。”

第十章

一学期的课终于上完了。我再次在黑马厩镇车站下了火车，情绪别提有多高涨了。我个子又长高了些，于是在特堪伯里做了一套新衣服，蓝哔叽的，式样很漂亮，还买了一条新领带。我打算在家吃过午后茶点立刻就去看望德里菲尔德夫妇，满心希望送行李的人会把我的箱子及时送到我家，这样我就可以穿上新衣服登他们家的门，让他们看看我已长成大人了。在学校里，我已经开始每天晚上都往上嘴唇抹凡士林，好让胡子快点长出来。穿过小镇的时候，我朝德里菲尔德夫妇住的那条街望去，希望能见到他们。我倒很想顺路进去向他们问个好，但是我知道德里菲尔德上午要写作，而德里菲尔德夫人也还“不宜见客”。我有好些激动人心的事要告诉他们——我在运动会上赢得了百码赛跑的冠军、跨栏比赛的亚军；我打算夏天来个冲刺，把历史学奖学金争取到手，所以这个假期要用功钻研英国历史。此时的黑马厩镇虽然还刮着东风，但天空碧蓝，空气中已有了一丝春天的气息。在风儿的吹拂下，大街上的各种颜色都显得清清亮亮，街道的轮廓十分清晰，就像是新画笔勾勒出来的，虽然当时我觉得那只不过是黑马厩镇的大街罢了，但现在回想起来却认为它宛若塞缪尔·斯科特[①]的一幅画，宁静、自然、亲切。走到铁路桥上时，我注意到有两三幢房子正在破土动工，不由说道：

“天哪，乔治勋爵又在大兴土木了。”

在远处的田野里，一些雪白的小羊正在蹦蹦跳跳地嬉戏，榆树刚刚开始吐出绿芽。我从边门进了家，见叔叔正坐在炉火旁的扶手椅上看《泰晤士报》。我喊了声婶婶，她应声从楼上走下来，看见我后，她那干瘪的脸颊因激动顿时飞出了两团红晕，接着就用衰老而瘦削的胳膊搂住我的脖子，说出了一连串温馨的话语。

“你长得可真快呀！”“哎呀，你嘴上都快长胡子了！”诸如此类的。

我亲了亲叔叔那光秃秃的脑门，随后便在炉火前站定，双腿叉开，背对着火，摆出一副成年人那种老成持重的架势。跟叔叔婶婶见过面后，我上楼去和埃米莉打了招呼，又跑到厨房去和玛丽－安握手，最后到花园里去看望了花匠。

我饥肠辘辘地坐下吃饭时，一边看着叔叔切羊腿肉，一边问婶婶道：“我不在的时候镇上有什么新闻？”

“也没什么。格林考特夫人到芒通[②]去了六个星期，几天前才回来。少校发了一次痛风。”

“还有，你的朋友德里菲尔德夫妇溜走了。”叔叔补充道。

“他们怎么了？”我大声问。

“溜走了。一天夜里，他们带着行李溜走了，跑到伦敦去了，欠了一屁股账没还，有房租，有家具钱，还有肉店老

---

① 塞缪尔·斯科特（Samuel Scott，1702—1772），英国风景画家，以画河景和海景著称。

② 法国的疗养胜地。

板哈里斯将近三十英镑的肉钱。”

“真是匪夷所思。”我说。

“实在够坏的了，”婶婶说，“他们好像连给他们干了三个月活的女佣的工钱也没有付。”

我目瞪口呆，心里有点恶心。

“我看以后，”叔叔说，“你就学聪明些，听我和你婶婶的话，不要再和不三不四的人来往了。”

“他们坑了那几个做小本买卖的，真叫人难过。”婶婶说。

“他们活该，”叔叔说，“谁叫他们给这种人赊账！我觉得不管谁都应该能看得出那两口子不是什么正经人。”

“我一直在纳闷，不明白他们为什么要赖在这里不走。”

“还不就是为了卖弄卖弄自己呗。大概还因为他们觉得这儿的人对他们知根知底，赊账容易些。”

我觉得叔叔的说法不大合乎逻辑，但由于受到沉重的打击，不想和他争辩。

后来我一得了空就去见玛丽－安，问她关于这件事都知道些什么。出乎我的意料，她的看法和叔叔、婶婶的截然不同。她咯咯笑了笑，说：

“他们把所有人都哄过去了。平时他们花起钱来大手大脚，大家都以为他们钱很多。他们到肉店赊账买肉，想要牛的脖颈嫩肉，老板就割给他们，想要牛排里脊，也二话不说地割给他们牛排里脊。他们买芦笋、葡萄以及各种各样的东西也是如此，镇上的每家店铺都有他们未还的欠账。真不明白那些人怎么会这么傻。”

但显而易见，她讥讽的是那些做买卖的，而非德里菲尔德夫妇。

“可是，他们怎么能神不知鬼不觉地溜走了呢？”我问道。

“哦，大伙儿疑惑的正是这一点。据说是乔治勋爵帮的忙。你想，若非乔治勋爵驾着双轮马车帮他们运箱笼，他们的箱笼怎么能到车站呢？”

“他自己对这事是怎么说的？”

“他说他什么都不知道。德里菲尔德夫妇趁着黑夜逃跑之事败露后，在镇上引起了轩然大波，我却在心里暗笑。乔治勋爵声称他根本不知道他们没了钱，等到发现了真相，便和所有人一样感到惊讶。反正他那套鬼话我是绝对不相信的。罗茜结婚前，他们俩究竟是什么关系，人人都心知肚明。就你我之间说说，我不相信他们的关系在她结婚之后就一刀两断了。据说去年夏天，有人看见他们俩一起在田里散步，而且他几乎天天在他们家进进出出。”

“他们逃跑的事是怎么败露的？”

“哦，事情是这样的：一天，他们告诉他们家的女佣，她可以回家和妈妈住上一宿，但一定要在第二天早上八点前回来。第二天早上她按时回来了，然而却进不了屋。她又是敲门又是按铃，可就是没有人答应。她只好跑到隔壁，问那家的夫人她该怎么办。那位夫人说她最好去警察局报案。后来，警长和她一起返回，又是一阵敲门和按铃，仍然没有人答应。这时警长问女佣他们是否付了她工钱，女佣说没有付，都三个月没有支付工钱了。警长以坚定的语气说他们一定是趁着黑夜逃跑了——这是铁定的事实。最后二人进了屋，发现他们带走了所有的衣服和书籍（据说特德·德里菲尔德的藏书量是很大的），每一件属于他们的东西都被带走了。”

“后来就再没有他们的消息了？”

“哦，那倒也不是。他们走了大约一个星期后，那个女佣收到了一封从伦敦寄来的信，拆开一看，里面并没有信或别的什么，只有一张用来付她工资的邮政汇票。要我说，他们那是良心尚存，不愿昧掉一个可怜女佣的工钱。”

对这件事，我比玛丽－安要震惊得多。我是一个讲究体面的年轻人。读者一定注意到了，我是完全秉承我那个阶级的传统观念的，仿佛那就是不可撼动的自然法则。我觉得书本里的那种大笔债务具有几分浪漫色彩，而讨债的、放债的也是我想象中很熟悉的人物，但我不得不承认，对小本生意人赖账不还，就未免太卑鄙可恶了。每逢别人当着我的面谈到德里菲尔德夫妇的时候，我听了总感到局促不安。倘若有人问他们是不是我的朋友，我就会回答：“哪里的事，我只不过是认识他们而已。”有谁要是问我：“他们是不是非常粗俗？”我就回答说：“粗俗不粗俗我不知道，反正他们不是维利·德·维利[①]之类的人。”可怜的盖洛韦先生为这件事也是伤透了心。

“我自然不认为他们很有钱，”他对我说，“然而我觉得他们的日子总还过得下去——他们家的陈设很不错，钢琴也是新的。我压根儿没想到他们没有一样东西是付了钱的。他们对自己是从不抠门的，却坑别人的钱财，实在叫人痛心。我时常去看他们，以为他们很喜欢我——他们总是摆出一种欢迎四方来宾的架势。有件事我说了你恐怕也难以置信。上次我去看望他们，握手告别的时候，德里菲尔德夫人请我第二天再去玩。德里菲尔德还说：‘明天茶点吃松饼。’其实他们早已将行李收拾停当放在了楼上，当天晚上就坐最后一班火车跑到伦敦去了。”

① 英国诗人丁尼生写的《克拉拉·维利·德·维利小姐》一诗中的人物，此处喻指斯文风雅的人。

“乔治勋爵是怎么说的？”

“实话告诉你，我最近没有特地去见他，因为这件事对我是一个教训，我觉得应该牢记‘近朱者赤，近墨者黑’这句古训。”

我对乔治勋爵也有同感，而且心里隐隐有些不安，生怕那家伙嘴上没有把门儿的，告诉镇上的人说我圣诞节的时候几乎天天都到德里菲尔德家去——这话传到我叔叔的耳朵里，我知道家里定会起一场风波。叔叔会责备我欺骗他，敷衍他，不听长辈的话，不像个上等人。如果叔叔责备我，我当时真不知该怎么应答。我太了解叔叔了，晓得他不会就此罢休，一定会跟我算旧账，把我这几年的过失搬出来。对于乔治勋爵，我也是乐得不见。可谁知有一天我在大街上竟跟他撞了个满怀。

“你好，小鬼，”他喊道（我特别讨厌这种称呼），“我猜你是回来过假期的吧？”

“你猜得倒是挺准的。”我用一种自以为尖刻嘲讽的口气答道。

他听了没生气，反而哈哈大笑起来，开心地说：

“你这小鬼说出的话像刀子，不小心会刺伤你自己的。唉，现在只剩下咱俩了，惠斯特是打不成了。你也看到寅吃卯粮的后果了吧？我一直在对我儿子说这样的道理：量入为出为富家之道，入不敷出为败家之根。小鬼，积小钱才能有大钱，集腋方可成裘。”

不过，乔治勋爵口中说着大道理，声音里却透出几分不以为然，那笑声仿佛在暗示他心里在嘲笑这些至理名言。

“我听说是你帮他们逃走的。”我说道。

“我？”他脸上浮现出不胜惊讶的神色，眼睛里却闪现出狡黠的笑意，“嗨，他们跑来告诉我德里菲尔德夫妇夜里逃跑的消息时，我都惊讶得愣住了。那两口子还欠我四英镑十七先令六便士的煤钱呢。咱们全上了当，就连可怜的老伙计盖洛韦也未能幸免——他没有把松饼茶点吃到口。”

我真没想到乔治勋爵会如此厚颜无耻，我本想说几句叫他下不了台的话，只是想不出该说什么好，最后只好作罢，说了声“告辞”，冷冷地一点头，便离开了。

第十一章

我一边等待阿尔罗伊·基尔，一边回忆往事。想想爱德华·德里菲尔德后来的声名斐然，再想想他早年默默无闻时所做的荒唐事，我不禁哑然失笑。我不知是不是因为小时候周围的人并不把他这个作家放在眼里，使得我深受影响，反正我一直在他身上都看不出后来的那些最为杰出的评论家所说的惊人的才华。有很长一段时间，人们都认为他的作品在遣词造句方面极其不当，给人的印象像是用一个铅笔头写出来的，风格矫揉造作，古雅和俚俗的词语混合在一起，念起来佶屈聱牙，不像是人间的语言。在他后期的创作生涯中，他口授，别人替他执笔，作品风格带上了轻松自如的口语特点，变得清晰流畅了。这时，评论家们回顾他成熟时期的小说，发现这些作品的行文中有一种刚健、活泼的力量，与作品的主题极为相称。在他创作的鼎盛时期，正是辞藻华丽的文风流行的时期，他作品中的不少描写景色的片段都被收进了各种各样英国散文的选集，其中描写大海、肯特郡森林中的春天以及泰晤士河下游落日的篇章均为名篇。然而，我读之却味如嚼蜡，这真叫我感到惭愧。

在我年轻的时候，德里菲尔德的作品销路并不好，有一两本还成了图书馆的禁书，但是欣赏他的作品却被认为是一种具有文化修养的表现。公众认为他是个大胆的现实主义作家，其力作是对庸俗文学的迎头痛击。有人竟借助天赐灵感发现他笔下的水手和农民具有莎士比亚式的色彩。于是乎，思想先进的人们便聚在一起为他作品中那些底层人所表现出的不动声色、带有强烈刺激性的幽默大声喝彩。写这样的作品爱德华·德里菲尔德驾轻就熟，不用费吹灰之力。然而，每当我看他的作品，走进他笔下帆船的水手舱抑或农家酒馆的酒吧间时，我的一颗心就会往下沉，情知接下来会有六七页用方言写出的荒诞不经的评论，有针对人生的，有针对伦理学的，也有针对生命轮回的。此处我得承认一点：我一直都认为莎士比亚笔下的那些丑角十分乏味，至于丑角的那些数也数不清的后代更是叫人难以接受。

德里菲尔德的长处显然在于他擅于描写自己最为熟悉的阶层——农场主、农场工人、店铺老板、酒馆伙计，还有帆船的船长、大副、厨师以及能干的水手。然而，他一旦描写社会地位比较高的人物，就连对他顶礼膜拜的崇拜者恐怕也会觉得不对劲——他笔下的绅士过于完美，叫人觉得不可思议，而出身高贵的女士则过于善良，过于纯洁，过于高尚，因此对于她们说话喜欢用多音节高雅的词语表现其尊贵，你也就不感到吃惊了。他书中的女性难得有人间烟火气。不过，此处我必须再次申明这仅仅是一己之见。世上一般的人和那些名重一时的评论家却一致认为他笔下的女性是典型的英国女性，楚楚动人，生气勃勃，英勇无畏，品格高尚，可与莎士比亚作品中的巾帼英雄比肩。世人皆知女性也有便秘一说，但如果在书里把她们写得连直肠都没有了，我便觉得过了头了。令我感到奇怪的是，女性竟然喜欢看到作家用这样的笔墨描写她们。

评论家可以迫使世人去关注一个非常平庸的作家，而世人有时候也会为一个才疏学浅的作家冲动和发狂，但是这两种情况都不会持续太久。因此我不禁想到，一个作家若没有过人之处，就不可能像爱德华·德里菲尔德那样长久地成为公众关注的焦点。精英们不屑于这种哗众取宠的手段，甚至认为这是庸人之作为。然而他们忘了：后人追忆前辈作家，往往只追忆名家，而非名不见经传者。也许，一部应当流芳百世的作品刚刚出版就被打入了冷宫，后人永远也不会闻其名，他们即便摒弃我们这个时代所有的畅销书，也不得不从这些畅销书中遴选出可供传世的作品。不管怎么说吧，爱德华·德里菲尔德至今仍盛名不衰。只是他的小说让我感到乏味罢了——我觉得它们过于冗长，着意用离奇曲折的情节吸引迟钝的读者，以此引起他们的兴趣。不过，他无疑是十分真诚的，在他最出色的作品中洋溢着生活的激情，而且不管是在哪一本中，你都能发现作者那神秘的个性。对于他早期的作品所体现出的现实主义，舆论界褒贬不一，评论家们根据各自的好恶，有的称赞他真实，有的批评他粗俗。如今，现实主义已经不会再招致非议，图书馆的读者们可以轻而易举地跨越上一代人见而生畏的障碍了。但凡具有文学修养的读者看见这几行字，一定会想起德里菲尔德去世的时候《泰晤士报文学副刊》发表的那篇重要文章。作者以爱德华·德里菲尔德的小说为题目写了一篇评论文章，此篇完全可以被称作对“美”的颂歌。那篇文章堪称绝笔，文采飞扬，充满了对爱德华·德里菲尔德的尊崇和虔敬，字里行间洋溢着高昂的气度。总而言之，那是一种美而不奢、柔而不弱的风格，读之荡气回肠，叫你不由自主地联想到杰拉米·泰勒[1]那高雅的散文。此文简直就是“美”的化身！如果有人说爱德华·德里菲尔德在某种程度上是个幽默作家，在这篇颂文中偶尔插入几句诙谐幽默的话可以减少哀痛的气氛，那么必须回答说这篇文章归根结底是一篇悼文——众所周知，“美”是不需要穿凿附会的，不需要你羞羞答答地给它涂抹上“幽默”的色彩。记得罗伊·基尔那天和我谈到德里菲尔德的时候认为，不管他有什么缺陷都不足为憾，因为他作品里的字里行间都洋溢着“美”的气息。现在回顾这次谈话，我觉得罗伊的这句话最叫我感到恼火。

三十年前，文学圈子里上帝是最时髦的主题，“信仰上帝”是合乎情理的行为，新闻记者也用“上帝”点缀词句。后来上帝不时兴了（说来也奇怪，板球和啤酒也跟着一块儿过时了），牧神[2]便接踵而至，走红一时。在成百部小说中，草地上都留下了他的足印；在诗人的作品里，常常会看到他在暮色时分出没于伦敦公园；萨里郡[3]和新英格兰[4]的女文人，这些工业时代的仙女都不可思议地在他粗鲁的拥抱中献出了她们的贞操。在精神上，从此她们发生了翻天覆地的变化。但就在这时，牧神不再时兴了，“美”代替了他的位置。于是，“美”就满天飞了，作家们有时用它描写一个短语、一条大比目鱼、一条狗，有时则用它描写某一天、一幅画、一种行

① 杰拉米·泰勒（Jeremy Taylor，1613—1667），英国国教的神职人员、作家，其代表作品有《活得圣洁》和《死得崇高》。

② 希腊神话中的神，负责看管宙斯的牛羊。

③ 英国东南部的一个郡。

④ 美国东北部一地区，包括缅因、佛蒙特、新罕布什尔、马萨诸塞、罗得岛、康涅狄格这六个州。

为抑或一件衣服。年轻女作家们抱成团，纷纷推出前程远大、竞争力强的小说，以各种方式渲染“美”，或语气含蓄，或笔调活泼，或气势奔放，或言辞动人。年轻男作家们（基本都是刚走出牛津大学的校门，心中仍抱着灿烂的憧憬）则在周刊上发表文章，娓娓讲述他们的艺术观、人生观和宇宙观，任意地在密密麻麻的稿纸上挥洒“美”这个词语。悲哉，这个词简直被用滥了！哀哉，作家们竟将这个词当作苦役使唤！他们用各种名号诠释“理想”,而“美”正是当中的一种。真不知这种喧嚣是不是那些身处悲壮的大机器生产时代而感到无所适从的人所发出的悲鸣,也不知他们钟情于“美”——我们这个可耻时代里的那些小耐尔[①]——是否只不过是因为多愁善感而已。也许我们的下一代作家会对生活的压力更加适应，那时就不会以逃避现实的方式，而是以热切接受现实的方式来寻求灵感。

我不知道别人是否像我一样，反正我觉得自己无法长时间地注视“美”。在我看来，哪个诗人的诗句都不像济慈的《恩底弥翁》的第一行那么虚假[②]。每逢那个被称之为“美”的事物对我施加魔法时，我立刻就会走神。有人告诉我说他们可以一连几个小时出神地望着一片景色或一幅图画，我听着总不大相信。“美”是一种销魂的感受，就像饥饿一样十分简单，可以意会，不便言传。它就像玫瑰花香，闻尽可以闻，只是不必说三道四。正因如此，所有那些对艺术的评论都很令人厌倦，故而不应该奢谈“美”，也不应该阔论“艺

① 英国十九世纪小说家狄更斯的长篇小说《老古玩店》中的女主人公，她纯洁而善良。

② 英国浪漫主义诗人济慈根据希腊神话所写的长诗，其第一行是“美的事物是一种永恒的愉悦”。

术”。评论家在谈到提香[1]的《基督下葬》(这恐怕是天下最纯最美的画作)时，也许说不出什么名堂，只能建议你去亲眼看一看。别的他也只能说说这幅画的历史背景或画家的生平什么的。不过，人们还赋予了“美”一些别的内容，如崇高的品质、人情味、温柔和爱，因为仅仅“美”的本体是不能使人获得长久满足的。“美”是完美无瑕的，而任何完美无瑕的事物都只能使我们快慰一时(人的本性使然)。一位数学家看了《费德尔》[2]后问了一声：“这到底讲的是什么呀？”[3]便被视为蠢蛋，其实不然。除非把一些根本与“美”无关的因素考虑在内，否则谁都不能解释为什么帕埃斯图姆的多利斯圣殿[4]就比一杯冰镇啤酒美。美是一条死胡同。它就像一座山峰，你一旦攀登到了峰顶，就会发现往前已无处可去。因此我们最终可以得出结论：埃尔·格列柯[5]的作品比提香的作品更富有吸引力，而莎士比亚那并不完美的成就则比拉辛尽善尽美的佳绩更引人注目。关于“美”的文章多得数不胜数，我此处小叙一番止增笑耳罢了。所谓“美”不过是满足人类内心的审美本能的东西。然而，什么样的人才需要这种满足呢？只有那些“知足常乐”的傻瓜才需要！还是让我们面对现实吧：“美”只是一种无聊的谈资。

当然喽，评论家们对爱德华·德里菲尔德的赞誉之词都

---

① 提香(Titian，约1489—1576)，意大利文艺复兴时期威尼斯画派的代表画家。

② 法国古典主义剧作家拉辛创作的悲剧。

③ 原文是法语：Qu’est-ce que ça prouve?

④ 帕埃斯图姆是意大利南部古城，多利斯圣殿为这座著名废墟的一部分。

⑤ 埃尔·格列柯(El Greco，约1541—1614)，出生于希腊的画家、雕塑家、建筑师，西班牙文艺复兴时期著名的幻想风格主义画家。

是欺人之谈。其实，他最杰出的成就并非为作品增添活力的现实主义，亦非作品中所包含的“美”，也不是他生动地刻画了水手的形象，亦不是他用带有诗意的笔调描写了含盐的沼泽、暴风骤雨、静谧的环境、偏僻的小村庄，而是他的长寿。敬老乃人类最值得称道的一种美德，我敢说普天之下，这种美德在我国尤为突出。在别的国家，敬老爱老常常流于形式，而在我国却是实实在在的。除了英国人，谁会把科文特花园皇家歌剧院[①]挤得满满的去听一个上了岁数、哑了嗓子的歌手演唱呢？除了英国人，谁会花钱买票去看一个老态龙钟、脚步几乎都不能自如移动的舞蹈演员跳舞呢？对于这样的演员，英国观众还会在幕间休息的时候发出由衷的赞叹：“天哪，你知道吗，先生，他早就过了花甲之年啦！”不过，与政治家和作家比起来，这些演员还只是正当年的小伙子。我常常在想：科文特花园皇家歌剧院歌手的心态必须非常平和，否则，一想到自己的艺术生涯在七十岁就走到了尽头，而同样年龄的政治家和作家的事业却如日中天，他心里一定会感到不是滋味。一个人如果在四十岁步入政坛，七十岁的时候就会成为政治家了。若职员、花匠或治安法庭法官到了这个岁数，便老得不能更事了，而这个岁数的政治家却老当益壮，完全可以治理国家。其实这也没有什么可奇怪的。你不妨想想：你小的时候，老一辈的人就会向你灌输老年人的智慧胜于年轻人的观点，等你最终发现这纯粹是无稽之谈时，你自己也已经老了，于是就将错就错，对下一代人继续行骗，因为这对你自有好处。再说，活跃于政坛的人没有不知道的（仅就结果而论）：统治国家其实并不需要多少智力。可是，

① 伦敦最负盛名的老牌剧院，也是全世界数得上的大歌剧院之一。

久久让我感到不解的是，为什么作家年纪越大就越应该受到尊崇？有一阵子，我觉得文坛的后起之秀对二十年都没有写过有分量作品的老作家大唱赞歌，在很大程度上归结于他们不再担心这样的老作家跟他们竞争，觉得赞扬一下老作家的成就无损他们自身。谁都知道赞扬一个你并不担心能成为竞争对手的人是一种行之有效的办法，因为这样会对你真正的对手造成威胁。不过，这未免把人性看低了，我无论如何也不愿将这种观点公之于世的，不愿被别人视为卑鄙小人。经过苦思冥想，我得出了一个结论：一个年龄超过普通人寿命的作家之所以能在风烛残年时得到普遍的颂扬，真正的原因是聪明人过了三十岁就什么书都不看了。如此，他们年岁越长就越觉得自己年轻时看的书是好书，有着灿烂夺目的光彩，于是就愈加看重和称颂这些书的作者。当然，这样的作者还必须再接再厉，不断在公众眼前亮相。他不能满足现状，以为写一两本杰作就够了，而应该再写四五十本无足轻重的作品作为这一两本杰作的垫脚石。这是需要时间的。他的作品即便不能产生引人入胜的效果，也应该有一定的分量，能够叫读者惊叹不已。

倘若如我所想，长寿的人果真就是天才，那么在我们这个时代，能在公众关注度方面超过爱德华·德里菲尔德的人实属凤毛麟角。当他六十岁还处于少壮期的时候（有文化修养的人士对他抱有自己的看法，并不予以重视），他在文学界虽然有了一席之地，但并不怎么受推崇——主流评论家固然称赞过他几句，却是较为克制的，年轻作家则喜欢拿他开涮。大家都承认他是有些才华的，但谁都没想到他竟成了英国文学的一大荣光。后来在他过七十岁的生日时，文学界才有了大的震动，这就像航行于东方的大海上，远处起了台风，海面上顿时泛起波纹。事情趋于明朗：原来在芸芸众生中隐居着一位伟大的小说家，这许多年竟无一人察觉。于是，人们如潮水般涌进各个图书馆，争相借阅德里菲尔德的作品。上百个笔杆子在布鲁姆斯伯里、切尔西以及其他文人墨客集中的地方纷纷忙碌起来，针对德里菲尔德的小说写了评论、研究、随笔和著述，有的简短扼要，轻松活泼；有的洋洋洒洒，热情奔放。这些文章一印再印，既有全集，也有选本，有的一先令三便士一本，有的六先令五便士一本，有的一几尼一本。有的文章分析他的作品风格，有的文章研究他的哲学思想，有的文章剖析他的写作技巧。等到爱德华·德里菲尔德七十五岁的时候，人人都认为他是个天才。到他八十岁的时候，他成了英国文学界的泰斗。直至去世，他都享有这个崇高的地位。

现在我们环顾四周，心里不由泛起一阵悲伤，因为竟无一人可以接替他的位置。倒有几个年逾古稀的老作家在座位上挺直身子留神这种情况，他们显然觉得自己可以轻轻松松地填补这个空位。不过，他们显然还都缺少一点什么。

尽管这些往事说来话长，但实际上它们在我脑海中只是一闪而过。它们乱七八糟地涌入我的脑海，有事件，有以前谈话的片段，虽繁杂，但我的思路却是很清晰的，为了方便读者，便按先后顺序写了出来。有种情况倒是叫人感到奇怪：即便回忆的是久远的往事，我仍能记得清那些人的模样，甚至能记得清他们说的话的主旨，然而却记不清他们的衣着了。我当然知道四十年前的衣装，特别是女装，跟现在的衣装是大不相同的。但是如果我能记得清的话，那断然不是我想起当时所看到的，而是很久以后从图片和照片中所看到的。

我正在遐想不已，忽然听到有辆出租车停在了门口，接着门铃响了，片刻间便听到了阿尔罗伊·基尔以那洪钟一般的声音在对我的管家说他是跟我约好的。他走进屋来，身材高大，大大咧咧，浑身散发着热情，充满活力地一做手势，一下子就打断了我如丝如缕的思绪，使我对往事的回忆戛然而止。他犹如三月里突起的狂风，把那咄咄逼人、无法逃避的现实带到了我面前。

“我正在问自己，”我说，“谁有可能接替爱德华·德里菲尔德成为英国文学界的泰斗呢？你来了，便请赐教。”

他快活地哈哈大笑，但是眼睛里却闪过一丝怀疑的神色，说道：

“我看没有人能接替他。”

“你怎么样？”

“嗨，老伙计，我还不到五十岁呢。二十五年以后再说吧。”他又笑了起来，但目光却紧紧锁住我的眼睛不放，“真不明白你怎么拿我开起了玩笑。”他突然垂下了眼帘，“当然啰，对于未来，谁都不可能不考虑。就目前而言，文学界的头面人物都比我年长十五岁到二十岁。他们不可能长生不死，一旦辞世，谁知道何人会坐上他们的交椅。奥尔德斯当然大有希望，他毕竟比我年轻得多，只是身体却不怎么好，大概也不十分注意保养。如果不出意外，我是说如果没有文学天才突然冒尖，叱咤文坛，我觉得再过二十年或二十五年，我未必就不能坐上那把交椅。这只不过是一个看谁能坚持不懈，看谁活得长的问题。”

说完，强壮的罗伊一屁股坐在了我女房东的一把扶手椅上，我端给他一杯加了苏打的威士忌。

“不了，六点钟之前我是不喝酒的。”他说着，朝四周看了看，“哇，这住处挺不错嘛。”

“是不错。你找我有什么事？”

“我想最好当面和你谈一谈德里菲尔德夫人的邀请这件事，因为在电话里难以说得清。实不相瞒，我准备写一本德里菲尔德的传记。”

“好呀！你那天为什么不告诉我呢？”

我对罗伊忽然产生了好感，很高兴没有把他看错——那天他请我吃饭，我当时就怀疑他并不仅仅是想跟我聚聚。

“我那时还没有完全拿定主意。德里菲尔德夫人很想要我写。她答应我一定会鼎力相助，把她多年来收集到的材料一并给我。这当然不是一件容易做得到的事情，搞砸了我可担待不起。不过，此事如果做得完美，对我肯定大有好处。一个作家如果不时写点题材严肃的东西，就能赢得人们崇高的敬意。我那几本论著着实费了我不少心血，虽然没有销路，但我从无片刻的后悔，因为没有它们，我就不可能像现在这样在文学界占有一席之地。”

“我觉得这个计划很好。这二十年来，你和德里菲尔德亲密无间，你比大多数人都了解他。”

“这话不错。不过，我最初认识他的时候，他已经六十多岁了。当时，我是写了一封信给他，说我非常崇拜他的作品，于是他便邀请我去见他。对于他早年的生活我却是一无所知。德里菲尔德夫人常让他回忆往事，并做了详细笔录，再加上他自己断断续续写了一些日记，另外他小说里的许多内容显然带有自传性质，可是即便如此，仍有很大的空缺。实话实说，我想写的是一本关于德里菲尔德个人生活的书，里面会有许多可叫读者感到亲切的细节，而细节之间则交织我对他文学作品的深入解读和评论，当然不是长篇大论的评论，而是设身处地、入木三分……恰如其分的评论。此书自然非等闲之书，但德里菲尔德夫人好像觉得我能胜任。”

“我坚信你能。”我插话说。

“我也这么认为。”罗伊说，“我是一个评论家，又是一个小说家，显然在文学上还是具备一些资格的。不过，必须有人助我一臂之力，我方能完成。”

我开始看出他的矛头所指了，却装作不知，表情非常平静。这时只见他将身子向前一探，说：

“那天我问你是否打算写点关于德里菲尔德的东西，你说没有这个打算。此话当真？”

“当然喽。”

“那么把你的材料给我，你不会介意吧？”

“老伙计，我哪有什么材料。”

“嗨，胡说。”罗伊亲切地说道，语气就像医生想要说服一个孩子张开嘴巴让他检查喉咙似的，“他住在黑马厩镇那会儿，你肯定经常见到他的。”

“那会儿我还是一个孩子。”

“可那毕竟是一段非凡的经历，你肯定会有所感知的。不管是何人，只要跟爱德华·德里菲尔德一起待上半个小时，就一定会被他那独特的个性所打动。你当时虽然只有十六岁，却不可能不记得的，更何况你也许比一般这个年岁的孩子观察力更强，感觉更敏锐。”

“如若不是有名气来支撑，真不知人们会不会觉得他的个性独特了。假如你作为一个叫什么阿特金斯先生的会计师到英格兰西部的矿泉疗养院治疗你的肝病，你认为那儿的人会将你当作一个个性独特的人热情接待吗？”

“我认为他们很快就会发觉我可不是一个平凡普通的会计师。”罗伊说完一笑，免得这话让自己显得狂妄自大。

“哦，至于那时的情况，我也记不得许多，只记得德里菲尔德穿着一条灯笼裤，怪刺眼的，让我觉得很不舒服。我们经常在一起骑车，我总是有点不自在，老怕别人看见我跟他在一起。”

“这话现在听起来怪有趣的。那时他和你谈些什么？”

“我记不得了，反正说的话并不是很多。他对建筑很感兴趣，要么就说说稼穑之事。如果路边有酒馆看上去不错，他就会提议休息五分钟，进去喝杯啤酒；喝酒的时候他会和酒馆老板唠家常，说说庄稼和煤价什么的。”

虽然我看得出罗伊脸色不好，对我有些失望，我却不管那一套，自管自地往下说。他只好听着，不过有点儿厌烦。我突然发现他觉得厌烦的时候就显得脾气暴躁。我和德里菲尔德他们长途骑车时，虽然我记不得他当时说过什么要紧的话，然而却对自己那时心里的感受记忆犹新。黑马厩镇自有其独特之处：虽然它紧靠大海，有一片很长的砂石海滩，背后又是沼泽地，可是你只消向内陆走上半英里，就会步入肯特郡乡村味最浓的地带。但见碧绿的沃野连成一片，其间阡陌纵横，高大的榆树一丛一丛的，又粗又壮，敦实厚重，看上去就像善良朴实的肯特郡老农的妻子（这些妇道人家脸色红润、体格健壮，上等的黄油、自制的奶油面包以及新鲜的鸡蛋使她们一个个体态丰盈，一副福相）。有时候你面前只有一条小路，两边都是茂密的山楂树篱，头顶上遮着榆树的青枝绿叶，抬头看，只能看见中间露出的一线蓝天。你在这和暖、清爽的空气中骑车前行，就会产生一种感觉，仿佛整个世界都静止了，生命将会永远持续下去。虽然你在使劲地蹬车，但觉得懒洋洋的，有一种通体舒泰的感觉。你们一行无人说话，喜悦荡漾在你的心头。如果有谁突然抖擞起精神，加快速度，冲向前去，只会显得滑稽，引得大伙儿一阵哄堂大笑，随即人人争先，都拼尽全力朝前骑。我们当时就是这般，一边骑车，一边天真地互相开玩笑，为自己的幽默咯咯直笑。有时候我们会路过一些乡村人家，房前有小花园，园中蜀葵和虎皮百合争奇斗艳；农庄则设在离大路稍远处，那儿有宽敞的谷仓和烘干房。穿过种植啤酒花的田地，你会看见那成熟了的啤酒花悬在枝头，一串串如花环一般。乡村酒馆看上去让人觉得友好而随和，似普通农舍一般，门廊上常有忍冬覆盖。它们的名称也都平淡无奇，如“快活的水手”“欢乐的农夫”“王冠和锚”以及“红狮”什么的。

不过，这些在罗伊看来一钱不值，于是他便打断了我的话，问：

“难道他从来就没有谈谈文学吗？”

“没有。他不是那种喜欢声张的作家。我想他在构思着什么，然而他却只字不提。他常借书给助理牧师看。有一年冬天，在圣诞节假期中，我几乎每天下午都到他家去喝茶。有时候，他和助理牧师会谈论起书来，但每一次我们都会叫他们别再聒噪。”

“他说的话难道你一点也不记得了吗？”

“我只记得他的一句话，原因是他当时提到的作品我没有看过，而且是他的话促使我去看的。他说在莎士比亚退休回到埃文河畔的斯特拉特福[1]后，成了举国敬重的人物，而他对莎翁的剧作并不以为然，若说最感兴趣的也只有《一报还一报》和《特洛伊罗斯与克瑞西达》。”

“我觉得这话没有多大的启示性。难道他就没有谈论过

---

① 莎士比亚的故乡，也是皇家莎士比亚剧团的诞生地。

比莎士比亚现代一点的作家？”

“哦，我记不得他那时谈论过。不过几年前，有一次我和德里菲尔德夫妇共进午餐时，倒是偶然听他谈论到了亨利·詹姆斯[①]，说他只是一味描写英国乡间别墅茶会上的闲谈，却对发生在美国的能够影响世界历史的重大事件置之不理。德里菲尔德称之为‘因小失大’[②]。我感到意外，想不到这老先生竟来了一句意大利成语，也觉得好笑，因为当时在座的只有一个又高又壮的公爵夫人知道他究竟在讲什么。他接着说道：‘可怜的亨利，他永无休止地绕着一个富丽堂皇的花园转来转去，而那花园的围墙太高，使得他无法窥视里面的情景，那些喝茶闲谈的贵人则又离他太远，使他听不见伯爵夫人在说什么。’”

罗伊听我讲这个小故事时倒是很专心，但过后想了想却摇了摇头说：

“这个材料我恐怕不能用。要是用了的话，亨利·詹姆斯的崇拜者非把我撕碎不可……那时候，你们晚上一般干些什么？”

“哦，我们几个打惠斯特，德里菲尔德则看那些要他写书评的书，有时候还给我们唱歌。”

“这倒很有意思。”罗伊说着，一面急切地把身子往前探了探，“你还记得他唱的是什么歌吗？”

“完全记得。《对一名战士忠贞不渝》和《此处美酒并不贵》都是他爱唱的。”

“原来如此！”

---

① 亨利·詹姆斯（Henry James，1843—1916），美裔英籍小说家、文学批评家、剧作家和散文家。

② 原文是意大利语：il gran rifiuto。

我看得出罗伊很失望。

“你难道指望他唱舒曼[①]的歌不成？”我问。

“为什么不行呢？那样的话，倒很值得写上一笔。不过话又说回来，我指望他唱的是船夫曲或者古老的英格兰乡村民歌，你知道的，就是人们赶集时唱的那种——盲人小提琴手拉着琴，乡下的小伙子和姑娘们在打谷场之类的地方跳舞时唱的那种。如果他唱的是这些歌，我就大有可为，能写出漂亮的文章。我简直不明白爱德华·德里菲尔德怎么会唱歌舞杂耍剧里的歌。不管怎样，你给一个人画像，就得把色调定准，倘若加入不和谐的颜色，只会搅乱整体的印象。”

“你该知道此后不久他趁着黑夜逃跑，把所有的人都骗了。”

罗伊有整整一分钟沉吟不语，只低头望着地毯出神。

“是的，我知道那时发生过一些令人不快的事，德里菲尔德夫人提到过。听说他后来把所欠的债都还清了，才最后买了弗恩大宅在那个地区住了下来。我觉得那只是他人生历程中发生过的一件无足轻重的小事，不必纠缠于此。毕竟，此事已过去近四十年了。你知道，老头子的性格当中有些很古怪的地方。一般人都会认为他在黑马厩镇有过丑闻，功成名就之后就不会选择该镇作为自己安度晚年的地方了，而且镇上的人都知道他出身卑微，谁知他竟丝毫不在乎。他好像还觉得挺有意思，于是有客人来家里吃饭，他就讲给人家听，弄得德里菲尔德夫人十分难堪。我希望你能多了解一下埃米。她是个很了不起的女人。当然，老头子的重磅小说问世之前，他还不认识她。但恐怕谁也无法否认在他最后二十五年的生

① 罗伯特·舒曼（Robert Schumann，1810—1856），德国音乐家。

活中，他那种仪表堂堂、高贵持重的形象离不开她的苦心经营。她对我十分坦率，有什么说什么——她操持家务并不容易。德里菲尔德老头有些奇怪的癖好，她得采取很多策略才能叫他举止得体。在有些事情上，老头子犟得像头牛，换上一个意志薄弱的女人恐怕早就心灰意冷了。例如，他有个习惯，每次吃完肉和蔬菜之后，非得掰一块面包把盘子擦干净，然后把那块面包吃掉，埃米费了很大的劲才纠正了他的这一恶习。”

“你知道其中的缘故吗？”我说，“这意味着他过去常年饿肚子，如今有了吃的，是舍不得浪费的。”

“哦，也许吧。不过，这对一个文学泰斗而言可不是什么好习惯。还有，他并非贪杯之人，却喜欢跑到黑马厩镇上‘熊与钥匙’客店的酒吧间里喝上几杯啤酒。当然，这并没有什么害处，但他在那种地方太招眼，尤其夏天客店里住满了游客的时候更是如此。他也不管自己在跟什么人说话，似乎意识不到他是有身份的人，应该讲究体面。有时候名人雅士会纷纷过去登门拜访，如爱德蒙·戈斯[①]和寇松勋爵[②]等，而他宴请过贵宾后，转身就会跑到酒馆里闲聊，对那些管道工、面包师傅和卫生检查员大谈他对这些名流的印象——不可否认，这种做法实在令人难堪。当然这也可以解释得通，你可以说他追求的就是这种地方色彩，感兴趣的就是万花筒一般的生活。然而，他的一些习惯着实叫人头疼。你可知道埃米·德里菲尔德仅仅叫他洗个澡就克服了多么大的困难？”

---

① 爱德蒙·戈斯（Edmund Gosse，1849—1928），英国诗人、作家和评论家。他的自传《父与子》被认为是英国传记文学史上第一部现代派心理传记。

② 寇松勋爵（Lord Curzon，1859—1925），英国政治家。

“他那个年代的人都认为澡洗得太多有害健康。依我看，五十岁之前他大概连带浴室的房子也没有住过。”

“哦，他说他从来都是一个星期洗一次澡，不明白为什么到了这个年纪还得改变自己的习惯。于是埃米要他每天更换内衣，可是他对此也不同意，他说他的汗衫和内裤历来要穿一个星期才换，每天换洗是多此一举，洗得太勤，只会把汗衫和内裤洗破。德里菲尔德夫人挖空心思地想哄他每天洗澡，在水里放了浴盐和香料，你知道，但怎么哄都不顶用。后来随着岁数越来越大，他连一个星期洗一次都不肯了。德里菲尔德夫人告诉我，说他在自己余生的最后三年里连一次澡都没有洗过。当然，这些情况都是她私下告诉我的。我现在说这话，只是想让你知道为他写传记我得讲究策略，用委婉的方法写。我觉得他在金钱方面的确有点大手大脚，这是谁都无法否认的，而且他有一种怪癖：出奇地喜欢和社会地位比他低的人相处，另外还有一些个人生活习惯也叫人很不喜欢，但我认为这些都无伤大雅。我不想弄虚作假，将不真实的东西写进去，不过有些尴尬的事情还是不提为妙。”

“如果秉笔直书，既写他的可圈可点之处，也写他的不足之处，你不觉得这样岂不更有趣味？”

“唉，断然不行。要是那样写，埃米·德里菲尔德就再也不会理我了。她请我执笔写这本书正是因为她相信我比较谨慎。我必须有点绅士风度。”

“既要有这种绅士风度，还要尽作家的天职，着实难以两全。”

“这有什么难的。再说，你也知道那些评论家是些什么样的人。如果你秉笔直书，他们只会说你愤世嫉俗，而一个作家得到愤世嫉俗的名声是有害而无益的。当然啰，不可否认的是，倘若我毫无顾忌地放开手脚写，是可以引起轰动的。如果既写他对美的热切追求，又写他对自己责任的轻率态度，既称赞他优美的文体，又写他对洗澡的厌恶，既写他的理想主义，又写他在那些下等酒馆里的醉态，那一定是一本引人入胜的书。但说实在的，这样做值得吗？他们只会说我依样画葫芦，有模仿利顿·斯特雷奇[①]之嫌。故而我觉得，用含蓄、巧妙、婉转的手法写不失为上策——你知道这是一种变通的手法，一种更为柔和的手法。我认为动笔写书之前应该有一个轮廓——在我看来，这本书应该像凡·戴克[②]的肖像画，气度恢宏，雍容华贵，具有贵族气派。你明白我的意思吗？这本书的篇幅在八万字左右。"

他一时陶然若醉，沉浸在美丽的幻想之中，仿佛看见了自己的这本书已经问世——那是一部八开本的书，拿在手里又薄又轻，页边的空白留得很宽，纸张精美，字体清晰好看，也许还看见了书的装帧（书皮是平滑的黑色布面配着金边和烫金的字样）。不过，阿尔罗伊·基尔毕竟是个有理智的人（这一点我在上文曾提到过），须臾之后便收住了遐想的缰绳，停止了美丽的幻想。他冲着我坦率地笑了笑。

"可是，至于德里菲尔德的第一位夫人我该怎么写才好呢？"

"这是他的家丑。"我嘟哝道。

"她和德里菲尔德结婚多年，写起来实在叫人为难。埃米的观点十分明确，她认为罗茜曾经对德里菲尔德产生了极其有害的影响，并且不遗余力地要从精神上、身体上和经济

① 利顿·斯特雷奇（Lytton Strachey，1880—1932），英国著名传记作家。
② 安东尼·凡·戴克（Anthony Van Dyck，1599—1641），英国国王查理一世时期的英国宫廷首席画家。

上把他摧毁；罗茜各方面都不如德里菲尔德，至少在智力和心理素质方面不如——德里菲尔德只是因为具有强大的意志和活力才没有被摧毁。埃米提这样的要求，我真不知如何才能满足。罗茜和德里菲尔德的婚姻固然十分不幸，但她已经去世多年，如今再把过去的那些丑闻抖搂出来，让好些不光彩的事暴露于公众面前，似乎有些不妥当。而且，有一个事实是存在的：德里菲尔德所有最伟大的作品都是在他们二人共同生活期间创作的。至于他后期的作品，我是非常敬佩的，我比任何人都清楚里面蕴含着真正的美——那种克制的文风，那种古典而持重的文风，令人不胜钦羡。然而，我必须承认他后期的作品缺乏早期作品中的那种冲击力、活力以及喧嚣热闹的生活气息。我觉得他第一个妻子对他的创作所产生的影响是不能完全忽视的。”

“那你打算怎么办呢？”我问道。

“哦，我觉得写他那个时期的生活，能委婉就委婉，能含蓄就含蓄，既不触及那些最敏感之处，又要显得坦荡直率，希望你能明白我的意思，那就是力求写得感人肺腑。”

“听起来这是一件很难办的事情。”

“我认为没有必要丁是丁卯是卯地写，只要写得恰到好处即可。该收就收，该放就放，但一定要做到让读者悟得出端倪。你知道，不管你的主题多么粗俗，只要你用庄重的态度加以处理，就可以冲淡那种令人不快的气氛。不过，不掌握充足的资料，我是难以成事的。”

“巧妇难为无米之炊嘛。”

罗伊口若悬河，说得天花乱坠，大有一个成功的演讲人的那种风采。首先，我真希望自己说话能够像他一样感情奔放、富于感染力，像他一样出口成章、妙语连珠；其次，我真希望自己不这么自惭形秽，因为凭着罗伊的才华，他应该对着一大群悟性强的听众宣讲，而非我这么一个无足轻重的小人物。然而，这时他停下不说了，那张激动得发红、热得淌汗的脸上露出了亲切友好的神情，那双以咄咄逼人的目光注视着我的眼睛也变得柔和起来，露出了一丝笑意。

“接下来就看你的了，老伙计。”他和颜悦色地说。

我一直都有一种感觉：如果你无话可说，或者对别人的话无言以对时，最好的办法是装聋作哑，什么也不说。于是我缄口不语，也以亲切的目光望着他。

“你比谁都了解他在黑马厩镇的生活。”

“这可说不准。那时候在黑马厩镇经常见到他的大有人在，而非仅我一人。”

“也许吧。不过，他们大概都是些说话没分量的平常人，正所谓人微言轻嘛。”

“噢，我明白了。你的意思是说只有我才配揭秘他的私生活。”

“如果你愿意这么开玩笑，我承认大致就是这个意思。”

我看出罗伊并不觉得我的话风趣，心里却也没有生气，因为老有人听不出我话里的幽默，对此我早就习以为常了。我常存有这样一个念头：最纯粹的作家是独自因自己的笑话发笑的幽默作家。

“好像后来你在伦敦也是常见他的。”

“是的。”

“在伦敦时，他住在贝尔格莱维亚[①]下区某处的公寓里。”

---

① 富人住宅区，位于海德公园近旁。

“哦，那是在皮姆利科[1]。”

罗伊冷冷地笑了笑，说：

“他具体住在伦敦的哪个区，你我就不必争了。我只问一件事：你那会儿和他是否关系很密切？”

“相当密切。”

“你们这种关系持续了有多久？”

“大概有两三年吧。”

“你那时候有多大？”

“二十岁。”

“这样吧，我想请你帮我一个大忙，这并不会花费你多少时间，可是对我却有难以估量的价值。我想请你回忆回忆往事，把你所记得的有关德里菲尔德夫妇各自的情况以及他们的关系，包括他们在黑马厩镇和伦敦两地时的关系情况，等等，尽可能详细地写出来。”

“哦，我亲爱的朋友，这要求也太高了。我手头上正有一大堆事要做呢。”

“这不需要花费你多少时间。我是说你粗略写一写即可，不必为文体之类的事情操心，由我润色就是了。我所要的仅仅是事实。毕竟只有你了解他们，别人对他们的事是不清楚的。我并不想夸大其词或者写其他与事实不符的情况，但德里菲尔德是一个伟大的人物，为了纪念他，同时也为了英国文学，你也有责任把你所了解的一切尽数告诉我。我本不会对你提这个要求，可是那天你告诉我说你自己不准备写他。你手里掌握着一大批材料却无意使用，这岂不是太不够朋友了嘛。”

---

① 伦敦中心住宅区，位于威斯敏斯特市，临近贝尔格莱维亚。

罗伊就这么以我的责任感为噱头请求我，一会儿责怪我懒，一会儿说我应该慷慨大度，一会儿又要我正直无私。

“可是，德里菲尔德夫人为什么要请我到弗恩大宅去小住呢？”我问。

“哦，这事我们俩谈过了。我觉得她家环境好，气氛怡人，客人在那儿有宾至如归之感，而且乡间正是花红柳绿的好时候。她认为如果你愿意写回忆录，那儿既舒适又安静。当然，我说我不能保证你肯定会去，不过那儿离黑马厩镇近，自然会勾起你对各式各样本已忘记的往事的回忆。住在他家，闻着那书香，看着那旧物，可以让你觉得往事历历在目。咱们可以一起谈论他，热烈的交流可以让旧事重现。埃米反应敏捷，又很有脑子，多年来已经养成了把德里菲尔德的话笔录下来的习惯。咱们交谈时，你在兴头上也许会回忆起一些事情，而你想不到写下来，这时她就可以在过后笔录下来。除此以外，咱们还可以打打网球，游游泳。”

“我不大喜欢住在别人家，”我说，“很讨厌早上九点钟就起来吃早饭，并吃一些自己不喜欢吃的东西。乡间散步我也不喜欢，对别人的事情亦不感兴趣。”

“她现在很孤独。你去了，既是对她的帮助，也是对我的帮助。”

我想了想说：

“不妨这样吧，我可以去黑马厩镇，但是我要独自前去。我将住在‘熊与钥匙’客店，你到德里菲尔德夫人家时，我就到那儿见你们。你们俩可以尽情谈论爱德华·德里菲尔德，愿怎么谈就怎么谈。不过我有言在先：如果听腻了，我可是要走的。”

罗伊开心地笑了，说道：

“好吧。就这么办。倘若你能想起对我有用的材料，你可愿意为我写下来？”

“我将尽力而为。”

“你什么时候去？我打算星期五动身。”

“要是你答应在火车上不跟我唠叨，我就和你一块儿走。”

“好吧。五点十分那班车最合适。要我来接你吗？”

“我自己能去维多利亚车站，咱们就在站台上碰头吧。”

不知罗伊是不是害怕我改变主意，反正他立刻站了起来，热情地和我握了握手就离开了，临走前还叮嘱我千万别忘了带网球拍和泳衣。

第十二章

我答应过罗伊这件事后，不禁思绪万千，回想起了我初到伦敦那几年的情况。一天下午，由于手边没有什么事情可做，我便想出去走走，去跟我以前的女房东汉德森夫人一起喝杯茶。记得刚到伦敦的圣路加医学院求学时，我还是个乳臭未干的毛头小伙子，需要找住处，学院的办公室秘书便将汉德森夫人的姓名告诉了我。她在文森特广场有一幢出租房。后来我在那儿一连住了五年，住的是底层的两个房间，楼上有客厅的那一层住着威斯敏斯特学校的一位教师。我的房租是每星期一英镑，他的房租是二十五先令。汉德森夫人身材娇小、性格活泼，整天忙忙碌碌的。她脸色发黄，长着一个大大的鹰钩鼻，一双明亮动人的黑眼睛是我过去所从未见过的。她的头发黑如乌云，每天下午和星期天一整天，她都会将其在头颈后面盘成一个发髻，额前留一排刘海儿，跟“泽西的百合”[①]旧照片中的发式很相似。她有一副菩萨心肠（不过当时我并不了解这一点，因为一个人年轻的时候总把别人对他的好意看成是理所当然的），而且厨艺极佳，谁做的舒

① 即莉莉·兰特里（Lillie Langtry，1853—1929），英国女演员、制片人，被誉为“泽西的百合”。

芙蕾蛋饼[①]都不如她做得好吃。她每天一早醒来，就在房客的起居室里生起炉火，口中说着："早晨天冷，这样房客们在吃早餐的时候就不会挨冻了，我说今天早上真是太冷了。"房客的床底下都塞一个扁平的锡铁澡盆，头天晚上放满水，早上洗的时候水就不那么凉了。如果早上她没听见房客洗澡的声音，就会说："哎呀，我那二楼的房客还没起床，他讲课又要迟到了。"接着，她就会三步并作两步跑上楼去，咚咚咚地敲门，尖着嗓门喊道："你要是不马上起床，就来不及吃早饭了。我已经给你准备好鳕鱼了，很可口的。"她起早贪黑地干活，一边干活一边唱歌，总是乐呵呵的，脸上带着笑容。她丈夫比她岁数大得多，曾经在大户人家当过管家，留着络腮胡子，举止彬彬有礼；他是附近一座教堂的司事，非常受人尊敬。我们吃饭的时候，他在一旁侍候；他还为我们擦皮靴，也帮着洗刷碗碟。汉德森夫人一天当中唯一的消遣就是在招呼我们吃了晚饭之后（我是六点半吃饭，那位教师是七点吃），上楼来和我们聊一会儿天。真希望当时我多长个心眼把她说的话记录下来（一如埃米·德里菲尔德对待她的名人丈夫那般），因为她能讲一口伦敦东区土话，非常幽默。她天生口齿伶俐，巧舌如簧，语言尖锐辛辣，用词贴切而丰富，她总是能找到滑稽的隐喻和生动的短语。她收房客讲究规矩，从来不收女房客，声称自己搞不清楚她们到底想干什么，"她们总是男人长男人短的，简直离不开男人，下午还要喝茶、吃薄黄油面包，动辄便开门摇铃要热水，实在琐碎得不行。"在跟人说话时，她有时会脱口说出粗话来（那

① 原文是法语：omelette soufflé。

时的人称之为“爆粗口”)。有一次在谈到玛丽·劳埃德[1]时,她曾评价说:“我喜欢她,因为她让人觉得逗趣,有时说话内容近乎粗鄙,然而从不越过雷池一步。”其实,这一评价完全可以用在她自己身上。汉德森夫人对自己的幽默颇为得意。我觉得她更乐意和她的房客闲聊,而非和她丈夫,因为她丈夫严肃刻板,不喜欢说笑。她解释说:“他就是这种样子,教堂司事嘛,老是参加婚礼、丧礼什么的。我对汉德森说,趁你还活着就笑一笑吧,一旦死了埋在地下就笑不成了。”

汉德森夫人的幽默是积累而成的。据说她跟十四号出租房的女房东布彻小姐结下了宿怨。她曾针对布彻小姐说过的一个段子简直成了一个幽默传奇,年复一年地在人们之间口口相传。

“她是一只讨厌的老猫。但不瞒你说,万一哪一天老天把她叫走了,我会想念她的。不知她到了阴间会落个什么下场,反正她在阳世倒是挺逗人,让笑得肚子疼。”

汉德森夫人的牙齿很不好,是不是应该把牙拔掉换上假牙有那么两三年的时间成了她插科打诨的话题,笑料百出。一次,她这么说:

“昨天晚上,汉德森对我说:‘唉,得啦,把它们全拔了,一了百了。’我的回答是:‘要是全拔了,我还拿什么做话头。’”

我已经有两三年没有见到汉德森夫人了。上次我去看她是因为接到她的一封短信,她在信里请我上她家去喝“一杯香喷喷的浓茶”,并告诉我说:“汉德森已经去世,享年七十九岁,到下星期六丧期就满三个月了。顺便代乔治和海

① 玛丽·劳埃德(Marie Lloyd,1870—1922),英国歌舞杂耍剧场的著名歌唱演员。

丝特向你问候致意。”乔治是她和汉德森结婚后生下的儿子，现在已近中年，在伍利奇兵工厂工作。他母亲总说乔治马上就会带回家一个媳妇，这话重复了有二十年了，都老掉牙了。海丝特是我快离开的时候她家雇的一个干杂活的女佣。汉德森夫人在信中提到她的时候，仍把她叫作“我那小鬼丫头”。我入住汉德森夫人的出租屋时，汉德森夫人八成早已过了三十岁，而今倏忽三十五个春秋又一闪而过。然而，我信步穿过格林公园去她家时，仍坚信她还活着。她绝对是我青年时代不可磨灭的记忆的一部分，就像站在观赏性水域边上的那些鹈鹕一样无可置疑。

我走下地下室的台阶时，海丝特为我开了门。她现在也快五十了，身体有点发胖，但还是当“小鬼丫头”时的那副马马虎虎的模样，脸上笑嘻嘻的，含羞带怯。她把我带到地下室的前屋，汉德森夫人正在那里为乔治补袜子，见我来了便摘下眼镜看着我说：

“哇，这不是艾舍登先生吗？谁想得到竟会见到你？海丝特，水开了没有？和我一起好好喝杯茶，好吗？”

汉德森夫人比我当年初见她的时候略微胖了一点，行动也迟缓了一些，但头上几乎连一根白头发都没有，眼睛仍像衣服上的纽扣一样又黑又亮，闪烁着快乐的光芒。我在一把破旧窄小的褐红色皮扶手椅上坐下，问候道：

“你还好吧，汉德森夫人？”

“哦，一切都好，只有一样不如意，那就是不如你在的时候那么年轻了，”她答道，“也不如当年那般能干了。如今，我只给房客提供早餐，不提供正餐了。”

“你的房间都租出去了吗？”

“托上帝的福，都租出去了。”

由于物价上涨，汉德森夫人目前收到的房租比我当年租住的时候是可以多一些的，而她生活俭朴，所以手头一定很宽裕。不过话又说回来，现在的人要求自然也就高多了。

“你简直没法相信，起初房客要求我建造洗澡间，接着有人叫我安电灯，后来又有人不依不饶地让我装电话。再往后他们还会要什么，我真想不出来。”汉德森夫人说道。

“乔治先生说汉德森夫人该考虑退休了。”海丝特一边把茶端上桌一边说。

“姑娘，我的事不用你管。”汉德森夫人口气尖刻地说，“我要退休的话，那就等于进了墓地。想想看，整天就跟乔治、海丝特待在一起，连个聊天的人都没有，那怎么行。”

“乔治先生说她应该在乡下租一幢小房子住下，好好保养自己的身体。”海丝特并不理会她的责备，继续说着。

“再别跟我提什么乡下了。去年夏天，医生叫我到乡下去待了六个星期。不瞒你说，那儿闹哄哄的，差点要了我的命——小鸟一天到晚叽叽喳喳地叫个不停，还有公鸡的打鸣声，老牛的哞哞叫声，实在令人受不了。当你像我这样多年来一直生活在宁静、安详的环境里，你就不可能习惯得了那无处不在、无时不有的嘈杂声。”

其实从汉德森夫人家再过去几户人家就到了沃霍尔大桥路，那儿车水马龙，电车铃叮叮当当地响，公共汽车轰隆轰隆地行驶，出租汽车的喇叭嘟嘟嘟地叫。不过，那是伦敦的市声，在汉德森夫人听来十分悦耳，犹如母亲唱给婴儿的催眠曲，叫她气定神闲。

我环顾四周，打量着这个汉德森夫人已住了多年的舒适、陈旧、朴素的小客厅，我想着自己是否能为她做些什么。我原想送她一台留声机（这是我唯一能想到的），可是却发现她已经有了。

“你有什么需要的东西吗，汉德森夫人？”我问道。

她睁大一双明亮的眼睛看着我，沉思了片刻后说：

“我说不出还缺什么。既然你提起，那我就说我需要健康和力气，能让我再干二十年。”

我觉得自己并不是一个多愁善感的人，但她的回答出乎我的意料，又是那么富有个性，叫我突然感到喉咙发哽。

到了该告辞的时候，我问她能不能去看看那个我曾经住过五年的房间。

“海丝特，跑上去看看格雷厄姆先生在不在房间里。要是不在，我肯定他不会在意你去看一下的。”

海丝特急忙跑上楼去，很快又跑了回来，有点气喘吁吁，说格雷厄姆先生出去了。汉德森夫人随即陪我上了楼。房间里陈设如旧，还摆着那张我睡过、做过梦的窄窄的铁床，五斗橱和盥洗台也是原来的旧物。不过，起居室里却散发着一股运动员的那种顽强奋发的气息；墙上挂着板球队队员们以及穿短裤的划船运动员的照片；角落里放着高尔夫球棒，壁炉台上乱七八糟地放着带有某个学院院徽的烟斗和烟草罐。我们那个时代，年轻人推崇艺术至上，所以我在壁炉台上悬着摩尔毯子，在窗户上挂着草绿色的具有艺术性的哔叽窗帘，墙上挂着佩鲁吉诺[①]、凡·戴克和霍贝玛[②]的画作的复制品。

“那会儿你很有艺术味，对不对？”汉德森夫人不无讥嘲地说。

“是的。”我喃喃地说。

---

① 佩鲁吉诺（Pietro Perugino，约 1450—1523），文艺复兴时期的意大利画家。拉斐尔是他的学生。

② 梅因德尔特·霍贝玛（Meindert Hobbema，1638—1709），荷兰风景画家。

触景伤怀，我不禁回忆起了自己在这儿居住时的情景，想起了此后流逝的岁月，想起了自己的经历。我在这张桌子上吃过丰盛的早饭和节俭的晚饭，也正是在这张桌子上攻读过医科书籍，写出了我的第一本小说。就是坐在这把扶手椅上，我第一次拜读了许多优秀作家的作品，其中有华兹华斯和司汤达的，有伊丽莎白时代剧作家和俄国小说家的，也有吉本[1]、鲍斯韦尔、伏尔泰和卢梭的。不知后来又有什么人使用过这些家具，我想可能是医科学生、见习律师，也可能是来伦敦开创事业的年轻人，以及从殖民地退休抑或因为家庭破裂而一时无处安身的老年人。这间房，按汉德森夫人说的那样，叫人浑身有一种异样的感觉。在这里，不知有多少人怀揣种种希望，对未来有着灿烂的憧憬，年轻的胸膛中荡漾着火热的激情；不知有多少人在这里悔恨、失望、倦怠，乃至听天由命——这间房里有过太多人间的喜怒哀乐，酸甜苦辣无不尝尽，于是它本身似乎也竟奇异地具有了一种令人不安、神秘的人的特征。不知为什么，它让我联想到了一个站在十字路口的女人——那女人用一只手摸着自己的嘴唇，一边回头张望，一边挥动另一只手招呼后边的人。我这只是朦胧的想法（说来惭愧），却被汉德森夫人感觉到了，于是她呵呵一笑，又像往常一样揉了揉她那高高的鼻子。

“说真的，人实在有意思。”她说，“有时想一想这儿的房客，要是把他们的事情说几件给你听，管保你不会相信。他们真是一个比一个更有趣。有时候我躺在床上，想到他们就要发笑。按说，如果你不时常找找乐子，笑一笑，活在这个世界上就没意思了，可那些房客也着实太滑稽了。”

---

① 爱德华·吉本（Edward Gibbon，1737—1794），英国杰出的历史学家。他的影响最为深远的作品为《罗马帝国衰亡史》。

第十三章

我在汉德森夫人那儿住了差不多有两年的时候，就跟德里菲尔德夫妇重逢了。那时我的生活很有规律，整个白天待在医院里，下午六点左右回文森特广场，经过兰贝思大桥时就买一份《明星报》回去看，一直看到晚饭时分。吃完饭，我花一两个小时认真读书，以扩大知识面，因为我那时是个上进心强、认真、勤奋的年轻人。之后，我便创作小说和剧本，直到上床睡觉。记不清出于什么缘故，六月末的一天我早早就离开了医院，当时觉得不妨到沃霍尔大桥路上逛逛。我喜欢那条街上热热闹闹的繁忙景象。它虽然脏兮兮的，但充满了活力，令人惬意和兴奋，仿佛随时都可能有奇遇发生在你身上。我一边做着这样的白日梦，一边信步朝前走，谁知冷不丁听见有人在叫我的名字，于是止步，抬头一看，惊讶地发现德里菲尔德夫人正站在那儿向我微笑。

“不认得我了吗？”她嚷道。

“当然认得，德里菲尔德夫人。”

尽管我已经长大成人，但我觉得自己还像当年十六岁时那样，动辄便满脸涨红。见到德里菲尔德夫人，我很是尴尬。不幸地，由于脑子里装满了维多利亚时代的诚实观念，我对德里菲尔德夫妇欠债不还夤夜逃离黑马厩镇的行为感到十分震惊，觉得他们极为卑劣。我深为他们感到羞耻，暗想他们一定也具有廉耻之心，可是德里菲尔德夫人却主动跟一个了解那段不光彩历史的人搭话，这就难免叫人惊愕了。倘若我先看到她走过来，我一定会转过头去假装没看见——我周到地觉得她为了不难堪不愿被我看见。可是她竟伸出手来，满面喜色地和我握了握手。

“我们当时走得匆忙，没来得及跟人告别，现在见到黑马厩镇的熟人，真是叫人开心。”

她说完哈哈大笑，我也跟着笑了——她笑得像孩子似的开心，而我笑得连我自己也觉得勉强。

“听说我们不辞而别，在镇上引起了轩然大波。特德听到了这情况，我当时觉得他的笑止也止不住了。你叔叔说什么来着？”

我很快恢复了常态，不想让她觉得我跟镇上别的人一般不懂得幽默。

“唉，你知道他那个人，就是个老脑筋。”

“不错，黑马厩镇人就是这点不好，他们需要从守旧中清醒了。”她友好地看了我一眼，“你比我上次看到你的时候长高了许多。哇，你都留胡子了。”

“是的，”我一边说一边把我那并不很长的胡子捋了捋，“这胡子已经留了很久了。”

“真是光阴似箭呀，对不对？四年前你还是个孩子，现在变成个男子汉了。”

“也该是个男子汉了，”我不无自豪地说，“我今年都快二十一岁了。”

我打量着德里菲尔德夫人。但见她头戴一顶插着羽毛的小帽子，穿一身浅灰色衣裙，宽宽的羊腿袖[①]，长长的裙裾，看上去很是好看。我一向认为她的脸长得不错，现在才头一次发现她的确很漂亮，冰肌玉肤，眼睛比我印象中的还要蓝。

“你知道吗，我们就住在那个拐角附近。”她说。

“我也住在附近。”

“我们住在林帕斯路。自从离开黑马厩镇以后，我们几乎就一直住在那儿。”

“噢，我在文森特广场也住了差不多两年了。”

“我知道你在伦敦，是乔治·坎普告诉我的。我常纳闷，不知道你住在哪儿。这会儿你就跟我一起回家去吧。特德看见你一定会非常高兴的。”

“也好。”我说。

走在路上，她告诉我德里菲尔德现在是一家周刊的文学编辑，最近出了一本新书，销路比以前任何一本书的都好，目前正在谈下一本书的版税，有望预支一大笔钱。黑马厩镇上新近发生的事她似乎都知道，我不禁想起当初大家都怀疑乔治勋爵帮助德里菲尔德夫妇溜走的情景，便猜想他一定时常给他们写信。我们一路走着，我注意到从我们身边经过的男人有时会盯着德里菲尔德夫人看上几眼，便立刻想到他们八成也觉得她很漂亮。这么一想，我连自己走路也神气了起来。

林帕斯路和沃霍尔大桥路平行，是一条又长又宽又直的街道。街上的房屋都是一个模样，拉毛粉饰，色调较暗，非常结实，带有宽敞的柱廊，想必当年是为伦敦城的头面人物

① 羊腿袖起源于十九世纪初浪漫主义时期，因其与羊后腿相似而得名，袖子上宽下窄。

居住而建。但是这条街早已气象萧条，也许它从来就没有吸引到头面人物来居住。如今它已风光不再，一片破败的景象，一副畏畏缩缩、寒酸的样子，让你会联想到看尽人间风华的落魄老人，仍举止风雅地叙说着自己年轻时的辉煌。德里菲尔德夫妇住的是一幢暗红色的房子。德里菲尔德夫人把我引进一个狭窄、阴暗的门厅，推开一扇门，对我说：

“进去吧，我去告诉特德你来了。”

她往门厅里面走去，我进了他们的起居室。德里菲尔德夫妇租了这幢房子的地下室和底楼，女房东住在楼上。我进去的那间屋里陈设的家具看上去好像都是从拍卖行里买来的廉价物品。窗帘厚厚的，丝绒材质，带着长长的流苏，上面满是套环和花饰；家具都是金黄色的，套垫是黄色锦缎做的，上面紧紧地钉了很多纽扣；屋子当中摆着一个厚实的大坐垫；屋里还摆着几个金色的陈列柜，里面陈列着一大堆小玩意儿，有瓷器、牙雕人物、木雕、几件印度铜器；墙上挂着大幅的油画，画着苏格兰高地的峡谷、雄鹿和游猎侍从。不一会儿，德里菲尔德夫人带着她丈夫进来了，后者热情地对我表示欢迎。他穿着一件破旧的羊驼呢上衣和一条灰裤子，以前留的长胡子剃掉了，现在留着八字胡和下巴上的一小绺胡子。我第一次留意到他的身材竟那么矮小，不过看上去却比以前有派头了，外表显得有点儿不同寻常，我觉得这倒更像我期望的一个作家的样子。

“怎么样？你觉得我们的新居怎么样？”他问道，“看上去很阔气吧？我觉得这可以叫人产生自信心。”

他说着，满意地往四周看了一眼。

“特德在后面有个小书房，可以在那儿写作。我们在地下室还有一个餐厅。”德里菲尔德夫人说，“我们的房东考利小姐曾经是一位贵族夫人的女伴，陪伴了那位夫人许多年。那位夫人去世的时候把所有的家具都留给了她。你看得到，每件家具都是上品，是不是？一看就知道它们出自贵族之家。”

“我们来看这地方时，罗茜一下子就喜欢上了。”德里菲尔德说。

“你也一样，特德。”

“我们在穷困的环境中住了那么久，现在周围尽是豪华家具，真是一种改变。我们可以学学蓬巴杜夫人[①]，享受享受了。”

我告辞时，他们非常热情地请我再来。他们好像每个星期六下午都在家会客，去的皆是我愿意结识的人。

---

① 蓬巴杜夫人（Madame de Pompadour，1721—1764），法国国王路易十五的情妇、社交名媛。

第十四章

我去了德里菲尔德夫妇家，在那儿我感到心情很愉悦。后来我又去了一趟。秋天来临时，我返回伦敦准备参加圣路加医学院冬季课程的学习。这时，我逐渐养成了每逢星期六就去他们家的习惯，在那儿我被引入了艺术和文学的天地。当时我在寓所里埋头写作，不过我对此守口如瓶，从不漏半点口风。接触到同样爬格子的人，我感到非常兴奋，入神地听着他们的谈话。各种各样的人到那儿参加聚会，因为那时周末的活动不多，打高尔夫球仍被视为笑谈，星期六下午人们是没有多少事情可做的。至于我在德里菲尔德家接触到的那些画家、作家和音乐家，想必里面也没有什么重量级人物——我记不得他们当中有谁名声经久不衰了。不过，当时的气氛倒是很文雅，很活跃。那些宾客中，有寻找角色的年轻演员，有抱怨英国人不懂音乐的中年歌手，有怀才不遇的作曲家（这些人会在德里菲尔德家的小钢琴上弹奏自己的作品，同时又小声抱怨说只有在音乐会的大钢琴上才能弹出味道来），也有喜欢在众人的要求下朗诵自己新作的诗人，以及正在寻找买家的画家。偶尔也会有个带有贵族头衔的人来给聚会增添一点光彩。但这毕竟是很罕见的，因为那年头贵族还没有变得不拘泥于成规，但凡有哪个上流社会的人士和艺术家们交往，通常都是因为闹出了臭名昭著的离婚案，或者因为赌输了钱还不起而坏了名头——出了这样的事，他（或她）在自己的圈子里便难以立足了。如今，这种状况已大为改观。义务教育对这个世界大有好处，其中之一就是使写作在贵族和绅士阶层广为流行。霍勒斯·沃波尔[1]曾编过一本《王室和贵族作家概览》，跟现今的百科全书一般薄厚。一个贵族头衔，哪怕是名义上的，也可以让任何一个人成为知名作家——可以肯定地说，要步入文学的殿堂，没有比高贵的出身更好的通行证了。

有时候，我确实认为上议院不久必然会被废除已是大势所趋，既然如此，不妨出台一项合情合理的法律，只准上议院议员和他们的妻子儿女从事文学这个行业。这会是英国人民对于贵族放弃他们世代相传的特权所给予的相当得体的补偿。这对于那些投身公共事业，管理歌女、赛马场和赌场[2]，因此番变故而家境穷困的贵族（他们的数量太多了），不失为一种维持生计的方法；而对于那些由于"优胜劣汰"的自然法则别的什么事都干不了，只适合治理大英帝国的贵族，也是一种舒心的职业。鉴于现在是一个专业化要求很高的时代，如果我的计划受到采纳，文学的各个领域由贵族的各个阶层分管，那么显而易见，必然会给英国文学增光添彩。因此，我建议文学中比较低级的门类应由爵位较低的贵族去从事，男爵和子爵应专门致力于新闻和戏剧写作。小说可以成为伯爵拥有特权的领域——他们已经对这门艰深的艺术表现出了天赋，且他们人数众多，足以满足市场的需求。至于侯爵夫人，

① 霍勒斯·沃波尔（Horace Walpole，1717—1797），英国作家、历史学家。

② 原文是法语：chemin de fer。

完全可以叫她们从事文学门类中的所谓“纯文学”[①]（我一直不清楚为什么叫这么个名称）。从金钱的角度看，这种作品也许赚不了多少钱，却高雅、浪漫，很适合侯爵夫人的身份。

诗歌是文学的最高形式，也是文学的终极目标。它是人类精神生活的最崇高形式，是美的结晶。在诗人经过的时候，散文作家只能让到一旁，他让我们自惭形秽，就连我们当中最优秀的人物在他面前也如草芥一般。由此可见，诗歌的写作应该由公爵来承担，而且我希望他们的权利受到最严厉的刑罚的保护，因为这样一门最崇高的艺术如果不由最崇高的人物去从事，那简直叫人无法忍受了。由于这门艺术也必须讲究专门化，我想公爵们一定会像亚历山大[②]的继承者们那样，根据各自所受的遗传影响和天生兴趣把诗歌范围进行详细的划分，各取所长，各司其职。这样，曼彻斯特公爵可以专门写道德说教的诗歌，威斯敏斯特公爵专门写激励人们对大英帝国尽职尽责的诗歌，而我觉得德文郡的公爵一定比较喜欢写普洛佩提乌斯[③]式的情诗和哀歌，马尔伯勒的公爵则势必要写田园诗，以天伦之乐、从军和安贫乐道为主题。

不过，如果你说如此划分未免有些武断，并提醒我说诗神不一定总是龙骧虎步，有时也会脚步轻盈；如果你想起某位智者所说的“一个人一心只在诗歌上，哪还理会治理国家的大事”，就质疑将创作诗歌的责任交给公爵是否妥当，于

① 原文是法语：belles lettres。

② 即亚历山大大帝（Alexander the Great，公元前356—前323），马其顿国王。即位后，镇压希腊各城邦的反马其顿运动，大举远征东方。在东起印度河，西至尼罗河与巴尔干半岛的领域内，建立了亚历山大帝国。

③ 塞克斯图斯·普洛佩提乌斯（Sextus Propertius，公元前约50—约15年），古罗马诗人。他传下诗四卷，凡九十首，大部分为双行体的爱情哀歌。

是便问我应当由谁来拨动人类的心弦，创作人类的灵魂渴望听到的诗歌。我的回答是公爵夫人（其实，我早就应该有这种想法）。我认为，罗马涅[①]多情的农夫给情人吟唱托卡托·塔索[②]的诗句，汉弗莱·沃德夫人对着小阿诺德的摇篮低声哼唱《俄狄浦斯在科罗诺斯》[③]中的合唱曲的时代已经一去不复返了。当今的时代要求更现代的作品。因此我建议那些比较热心家务的公爵夫人应当创作现代版的圣歌和儿歌，而那些喜欢花花草草、有风情的公爵夫人，则应当为音乐喜剧写抒情歌词，为漫画报刊写谐趣诗，为圣诞贺卡和彩包爆竹[④]写格言警句。这样一来，她们就会在英国公众的心中保持她们迄今为止只靠尊贵的地位所赋予的位置。

就是在参加星期六下午的这些聚会时，我竟发现爱德华·德里菲尔德是个不同凡响的人物，这实在出乎我的意料。这时他已写了大约有二十本书，虽然稿酬没挣多少，名气却大了起来。一些大牌评论家对他的作品交口称赞，来他家聚会的朋友们都一致认为总有一天他会得到文学界的承认。他们怪公众有眼无珠，竟然对这样的一个伟大作家视而不见。既然抬高一个人最容易的方法就是贬低另一个人，于是他们就任意地诋毁所有那些当时的名气已超过了德里菲尔德的作家。其实，如果我当时就像后来那样了解文学界的情况，我就应该从巴顿·特拉福德夫人的频繁造访中悟出一个道理：

---

① 位于意大利北部。

② 托卡托·塔索（Torquato Tasso，1544—1595），意大利文艺复兴后期诗人，代表作为长诗《被解放的耶路撒冷》。

③ 古希腊作家索福克勒斯晚年的作品。

④ 英国用于圣诞聚会和聚餐，通常装有纸帽、小礼品及笑话纸条的爆竹。

爱德华·德里菲尔德走红的日子已经为期不远了——他会像一个参加长跑比赛的运动员那样突然发力冲向前去，把别的业已脚步沉重的选手统统甩到身后。我承认，最初德里菲尔德把我介绍给这位夫人时，我压根儿没有把她的名字放在心上。德里菲尔德对她说我是他在乡间居住时的一位小邻居，并且告诉她我是一个医科学生。她冲我嫣然一笑，柔声细气地说着一些有关汤姆·索亚[①]的话，一边接过我递给她的黄油面包，随后就继续和德里菲尔德说起话来。然而，我注意到她的到来对在场的人产生了不小的影响，本来热闹、欢快的谈话戛然而止。我低声打听她是什么人，结果发现众人对我的无知大为吃惊；他们告诉我她曾经"造就"了某某人和某某人。她坐了半个小时便站起了身，非常亲切地和她认识的人握手告别，然后就悄悄地飘然离去了。德里菲尔德把她送到大门口，扶她上了马车。

巴顿·特拉福德夫人时年五十岁上下，身材瘦小，而五官疏朗，这使她的头部显得太大，与整个身体不成比例。她头发已花白，梳成《米洛斯的维纳斯》[②]那种发式，让人觉得她年轻的时候是非常标致的。她装束素雅，身着黑丝绸连衣裙，脖子上挂着几条叮当作响的珠子和贝壳项链。据说她早年有过一段不美满的婚姻，后来改嫁给了巴顿·特拉福德（内政部的书记员、著名的史前人类学权威），二人情投意合，如今已经在一起生活许多年了。她给人一种奇怪的感觉，好像浑身上下没有骨头似的，仿佛捏一下她的小腿（当然，出

① 汤姆·索亚是美国作家马克·吐温的著名小说《汤姆·索亚历险记》中的主人公。

② 古希腊雕刻家阿历山德罗斯于公元前150年左右创作的爱神维纳斯的大理石雕塑，现收藏于法国卢浮宫博物馆。

于对女性的尊重以及她脸上的那种文静端庄的神态，我是绝不会这样做的），你的手指头就会碰在一起。你拿起她的手，就会觉得像是拿起了一块剔去了骨头的鱼片。她虽然五官疏朗，但却给人一种捉摸不定的感觉。她落座的时候，似乎身上根本就没有脊梁骨，看上去好像一个装满了天鹅羽绒的昂贵的靠垫。

她身上的一切——她的嗓音、笑容、笑声——无不具有一种柔和的气质，一双浅色的小眼睛柔和得好似花朵，一举一动则柔和得宛若夏天的雨水。就是这种不寻常的、妩媚动人的特征叫人觉得她是一位值得结交的朋友，也正是这种特征为她赢得了目前的名声。几年前，那个伟大的小说家溘然长逝，令各个讲英语的民族大为震惊，而全世界都知道她和那位小说家有着深厚的友谊。小说家去世后不久，在大家的劝说下，她公开发表了他写给她的大批信件，让人们得以一睹为快。那些信件的字里行间都充满了他对她美貌的倾倒，对她的判断力的折服，他似乎无法用语言表达他是多么感谢她的鼓励、她的支持、她的敏锐以及她的欣赏。用这样的语言表达感情，有些人可能会认为巴顿·特拉福德先生看了一定会心情复杂，不过，那只会增加人们的关注度。谁知巴顿·特拉福德先生是个脱俗的人，并没有那般俗人的想法（他的不幸，如果这也算作不幸的话，是历史上很多极其伟大的人物也同样经历过的，他们都以超然的心态处之），而且他竟放下对奥瑞纳文化[①]时期的燧石以及新石器时代石斧的研究，同意为这位已故小说家立传。在这部传记里，他明确指出这位作家是在他妻子的影响下才得以充分发挥了自己的才华。

① 欧洲旧石器时代晚期的文化。

巴顿·特拉福德夫人大力帮助那位朋友，对他起到了不可忽视的影响，协助他成为后人仰慕的巨擘，不过她对文学的兴趣以及对艺术的热爱并没有因此而消失。她读书读得很多，凡是值得注意的作品以及有前途的年轻作家几乎无一人能逃过她的眼睛，她会很快地跟那位作家建立私交。她名声显赫，特别在她丈夫执笔的那本传记出版以后，这使得她相信只要她愿意给予支持，不管任何人都会毫不犹豫地接受。她的这种交友的天赋势必会在适当的场合找到用武之地。一旦看到能吸引她眼球的作品，巴顿·特拉福德先生在文学评论方面亦非等闲之辈，立刻就会给这位作家写一封热情洋溢的信，对他的作品表示赞赏，并邀请他到他们家去吃午饭。午饭后，巴顿·特拉福德先生就会回内政部上班，让这位作家留下来和巴顿·特拉福德夫人闲谈。很多人都受到了邀请，他们都是有作为的，只是“作为”还不够火候。巴顿·特拉福德夫人有一种不凡的眼力，对此她笃信不疑，于是便静心等待人才的出现。

实际上，她在对待贾斯珀·吉本斯一事上有点过于谨慎，结果差点坐失良机。根据历史的记载，常有作家一夜成名之说，但在我们今天这个审慎的时代，这种事闻所未闻。如今的评论家审时度势，而读者则因为上当的次数太多，势必不会冒险。但贾斯珀·吉本斯却是例外——他一举成名是不争的事实。如今他已被人忘了个干净，那些曾经赞扬过他的评论家巴不得收回当年说过的话，只是许多家报社的档案中都还精心保留着他们的言论。想当初他的第一本诗集出版时所引起的轰动，简直叫人难以置信。当时最重要的报刊都刊登了书评，所占篇幅之大几乎相当于对职业拳击赛的报道。最具影响力的评论家们争先恐后地对他表示欢迎，将他比作弥尔顿[1]（说他的无韵诗声调铿锵），比作济慈（说他的诗富于美妙的意象），比作雪莱（说他的想象天马行空）。评论家们用他作为大棒痛打自己厌倦的公众偶像，对准丁尼生勋爵[2]干瘪的屁股噼噼啪啪一顿猛揍，对准罗伯特·勃朗宁[3]的秃头也结结实实给了几下子。一时间，芸芸众生纷纷拜倒在他的脚下，就像耶利哥的城墙倒塌似的。他的诗集印了一版又一版，非常畅销。无论是在伦敦上流住宅区伯爵夫人的小客厅里，还是在天南海北牧师住宅的起居室里，抑或在格拉斯哥[4]、阿伯丁[5]和贝尔法斯特[6]的许许多多诚实、有修养的商人家的客厅里，处处都可以看到贾斯珀·吉本斯那装帧精美的诗集。后来，维多利亚女王从忠诚的出版商手里接受了一本特别装帧的吉本斯诗集，并且把一本《高原生活日记抄》[7]回赠给了他（不是赠给了诗人，而是给了出版商）。消息传开后，举国上下沸腾了起来，对吉本斯诗集的崇拜达到了顶点。

所有这些似乎都发生在一眨眼的工夫。古希腊曾有七个城邦声称是荷马的出生地，都想争到这份殊荣。而今，虽然世人皆知贾斯珀·吉本斯的出生地是沃尔索尔[8]，却有许多

---

① 约翰·弥尔顿（John Milton，1608—1674），英国诗人、政论家、民主斗士，代表作品有《失乐园》《复乐园》和《力士参孙》。

② 即阿尔弗雷德·丁尼生（Alfred Tennyson，1809—1892），维多利亚时代的诗人。

③ 罗伯特·勃朗宁（Robert Browning，1812—1889），英国诗人、剧作家。

④ 苏格兰中南部港口城市。

⑤ 苏格兰东北部港口城市。

⑥ 北爱尔兰东部港口城市。

⑦ 女王本人写的书。

⑧ 英格兰中部城市。

城市（其数量竟比古希腊的那七个城邦多出一倍）声称是自己首先发现了吉本斯，争享这一荣誉。一些著名的文学评论家二十年来一直在周刊上互相吹捧对方的作品，如今却为此吵得不可开交，彼此在文学协会见面时都形同路人。上流社会在认可这位诗人方面也一点都不怠慢——守寡的公爵夫人、内阁大臣的夫人以及孀居的主教夫人都纷纷邀请贾斯珀·吉本斯去参加午宴和茶会。据说，哈里森·安斯沃思[①]是头一个以跟上流人士平等的身份参与社交活动的英国文人（我有时感到纳闷，不明白为什么就没有哪个慧眼识珠的出版商因此缘故为他出一套全集）；我坚信贾斯珀·吉本斯则是头一个让自己的名字印在各户人家请柬下方作为吸引贵宾的招牌的诗人（其吸引力不亚于歌剧演员或口技艺人）。

作为后来才支持他的人，巴顿·特拉福德夫人未能先发制人，占领先机，只能在公开市场上展开竞争了。不知她采用了什么高明的策略，施展了什么神奇的手腕，表现出了什么样的体贴关怀和深切的同情，说了什么花言巧语（我只有猜度和敬佩的份儿），反正她把贾斯珀·吉本斯掌握在了手中，没过多久便用她那柔软的小手将他驯得服服帖帖的了。她实在令人肃然起敬！她把他请来吃饭，让他会见各种高人；举办招待会时，她请他为在座的英国社会最显赫的人物朗诵他的诗歌；她把他介绍给著名的演员，而这些演员请他为他们写剧本；她设法使他的诗歌只刊登在合适的刊物上；她出面和出版商谈判，为他签订合同，稿酬之多甚至叫内阁大臣都感到吃惊；她处处小心，但凡有人邀请，她不同意的，就不

① 威廉·哈里森·安斯沃思（William Harrison Ainsworth，1805—1882），英国历史小说家。

让他接受；她甚至还棒打鸳鸯，把他们这一对在一起美满生活了十年的夫妻拆散，因为她觉得一个诗人要完全忠实于自己和他的艺术，不应该受到家庭的拖累。万一有不测的事情发生，她只要愿意，完全可以声称自己已经为他尽了力，能做的都做了。

不测的事情果然发生了。贾斯珀·吉本斯又出了一本诗集，水平跟第一本不相上下，可谓伯仲之间。它同样受到世人的尊崇，然而评论家却态度暧昧，有的甚至还吹毛求疵。于是这本书成了败笔之作，销量也不尽如人意。更为不幸的是，贾斯珀·吉本斯染上了贪杯的毛病——也许是因为不习惯手里有那么多钱，纸醉金迷的生活让他迷了本性，或者因为思念自己亲切而平凡的小妻子而借酒浇愁吧。有一两次，他上巴顿·特拉福德夫人家去参加宴会时有些失态，若非巴顿·特拉福德夫人明白世故，以善心待人，换了别人就一定会认为他不顾体统，喝醉了酒。巴顿·特拉福德夫人替他打圆场，轻描淡写地说这位诗人当晚身体不大舒服。他的第三本诗集是一个彻底的失败。评论家们把他批评得体无完肤，将他打翻在地，再踩上一脚，就像爱德华·德里菲尔德爱唱的一首歌的歌词所说的那样，“揪着他满屋子跑，在他脸面上乱踩乱踏”。他们曾经把一个哗众取宠的拙劣诗人错当成了不朽诗人着意吹捧，而今自然会恼羞成怒，一心要拿他问罪，让他当替罪羊。后来，贾斯珀·吉本斯在皮卡迪利大街因酗酒和破坏治安而遭到逮捕，巴顿·特拉福德先生不得不在半夜去蔓藤街把他保释出来。

在这个节骨眼上，巴顿·特拉福德夫人的表现堪称完美。她没有发牢骚，没有说一句严厉的话。其实，她即便怀怨恨之心，也是情有可原的，因为她毕竟为他做了那么多的事，他却辜负了她。她对他依然温柔、体贴，满怀同情。不过，她终归是个明白人，最后还是把他抛弃了，只不过没有像扔烫手山芋一样把他扔掉，而是表现得柔情缱绻，十分不忍——每当她违背自己的心愿做事的时候，总是这般满含热泪。这件事她做得滴水不漏，非常圆滑，连贾斯珀·吉本斯本人恐怕都不知道他已经被抛弃了。但事实是明摆着的，是不容怀疑的。她背后不会说他的坏话，实际上连提也不愿提他，别人提起他的时候，她也只是苦笑一声，长叹一口气。不过，她的那一声苦笑对他却是致命的一击[①]，而那长叹的一口气则将他送进了坟墓。

巴顿·特拉福德夫人酷爱文学，对文学有着强烈的追求，不可能因为这一番挫折便心灰意冷。不管她有多么失望，她毕竟是一个理性的人，决不会将自己天生具备的外交手段以及善解人意和洞察秋毫的禀赋搁置不用。于是她继续活跃在文学界，参加各处的茶会、晚会和家庭招待会，依然是那么迷人、温柔，那么会心地听别人讲话，同时眼观六路，目光充满挑剔，直白地说，她是一心一意要再找到一个值得自己支持的英才。就在这个时候，她遇到了爱德华·德里菲尔德，并对他的才华产生了良好的印象。德里菲尔德固然已不年轻，但他也不可能会像贾斯珀·吉本斯那样身败名裂。于是，她向德里菲尔德抛出了橄榄枝。她说他绝妙的作品竟然没有得到广泛传播，实在令人扼腕。面对她如此温和的点评，德里菲尔德不可能不为之所动。他既开心又得意。听到别人说你是天才，你哪能不高兴！接着她便告诉他，说巴顿·特拉福德先生正在考虑为《评论季刊》写一篇重要的稿子介绍介绍

① 原文是法语：coup de grâce。

他。随后，她邀请他参加午宴，介绍他认识一些可能对他会有用处的人——她希望他结识一些和他一样有才华的文人。有时候，她领他到切尔西大堤去散步，跟他谈论已经去世的诗人，谈论爱情和友谊；有时则带他去ABC茶坊喝茶。当巴顿·特拉福德夫人星期六下午上林帕斯路来的时候，她的神气就像一个时刻准备婚飞[①]的蜂后。

她对待德里菲尔德夫人的态度无可挑剔，既和蔼可亲，又一点不显得高人一等。她每次见到德里菲尔德夫人便满口感谢的话，感谢德里菲尔德夫人容她来访，并恭维德里菲尔德夫人容貌出众。如果她对着德里菲尔德夫人夸赞她丈夫，并带着几分羡慕的口气说能与这样一个伟大的人物结为伴侣该是多么大的荣幸，那自然也完全是出于一片纯粹的好意，而不是因为知道激怒一个文人妻子的最好办法就是让她听到另一个女人夸赞自己的丈夫。她和德里菲尔德夫人聊的都是家长里短的事情，例如烹调、仆人、爱德华的健康以及应当如何照料他（这也叫人觉得她的那颗淳朴的心只对这类琐事感兴趣）。反正她对待德里菲尔德夫人的态度完全像一个出身苏格兰上等家庭的妇女（她正是这样的出身）对待一个被一位卓越的文人不幸娶为妻室的前酒吧女招待的态度——她亲切友好、诙谐幽默、温文尔雅，绝不让对方感到拘束。

怪就怪在罗茜并不领情，反而觉得受不了她。实际上，据我所知，她是罗茜唯一不喜欢的人。如今的大家闺秀张口闭口就是“骚货”和“该死的”这样的话，而在那个时候就连酒吧女招待说话时也不轻易用这种字眼。我从来没有听罗茜说过一句会使我的索菲婶婶感到惊骇的话。如果听见有谁

① 指的是昆虫在飞行时进行交配。

说什么带点粗鄙意味的事情，她会羞得面红耳赤。可是她一提到巴顿·特拉福德夫人就骂她是“该死的老猫”。跟她来往比较密切的朋友无不对她好言相劝，劝她对巴顿·特拉福德夫人客气一点。

“别发傻，罗茜，”他们这般说道（他们都管她叫罗茜，虽然我非常腼腆，但不久也习惯于这么称呼她了），“只要特拉福德夫人愿意，她完全可以使德里菲尔德一举成名。他必须博得她的好感，因为只有她可以成就他。”

德里菲尔德家的客人大多数都不是常客，有的是隔一个星期来一次，有的是隔两三个星期来一次，然而有一小群人跟我一样，几乎是每个星期六都来。我们是他们家的铁杆客人，每每来得早，走得晚。而其中最铁杆者莫过于昆廷·福德、哈里·雷特福德和莱昂内尔·希利尔三人。

昆廷·福德身材矮小结实，头型很好（后来有一阵子，这种形象在电影里很受推崇），鼻梁笔直，眼睛炯炯有神，灰色的短发剪得整整齐齐，留着黑色的胡子。如果他能再高上四五英寸的话，他完全符合传奇剧中最典型的恶棍形象。大家知道他“人脉很广”，过着衣食无忧的日子，成天无事可做，只是醉心于艺术，每出戏的首演夜场必看，每个画展的预展必到场。他有着业余爱好者的那种苛刻的眼光，对于当代人的作品虽然表面上给予客气的评价，其实心里不以为然。我发现他到德里菲尔德家来并不是因为德里菲尔德是个天才，而是因为罗茜的美丽。

现在回想起来，我自己也不禁十分诧异，不明白为什么非得等到别人说出来我才发现罗茜那明显的美貌。最初跟她认识时，我一直没理会过她是美是丑，五年后再次见到她才注意到她长得十分漂亮，我不禁多了几分兴趣，但也没有过多往心里去。我将此视为事物发展的自然规律，就像看到北海或特堪伯里大教堂尖塔上方的落日一样平平无奇。所以当我听到别人谈论罗茜长得很美，向爱德华夸赞罗茜的容貌，而爱德华把她盯着看了好一会儿，我也跟着看时，心里倒还真的吃了一惊。莱昂内尔·希利尔是个画家，于是就请求罗茜当他的模特儿。后来他说起自己想要画的这幅画像，便告诉我说他在罗茜身上看到了非凡之处，听得我云里雾里，摸不着头脑，只是傻乎乎地听着。哈里·雷特福德认识一个当时很时尚的摄影师，于是讲好了具体的价钱，把罗茜带了去请他照相。过了一两个星期，到了星期六聚会的时候，罗茜的照片拿来了，大家都围着观看。我还从来没有见过罗茜穿晚礼服的样子——照片上的她穿着一件白缎子的礼服，长长的裙裾，蓬松的袖子，领口开得很低。她的头发比平时梳得要讲究一些，迥然有异于我最初在欢乐小道见到的那个头戴草帽、身穿浆洗过的衬衫的高大健壮的年轻女子。谁知莱昂内尔·希利尔看了照片，却不耐烦地把它扔在了一边，说：

“糟透了。照片怎能展现出罗茜的风采呢？她的非凡之处在于她的神韵。”他说着，把脸转向了她，“罗茜，你知道吗？你的神韵是这个时代最伟大的奇迹。”

她望着他，没有回答，但她那丰满而鲜红的嘴唇却绽出了孩子气的调皮的微笑。

“我要是能把你的神韵哪怕只表现出几分，也就功成名就了。”他说，“那些有钱的证券经纪人的老婆全都会跑来跪下求我，求我为她们画一幅你那样的肖像。”

不久我便听说罗茜为他当了模特儿。我从未去过任何一个画家的画室，总把那儿看作风流韵事的门户。有一天我问希利尔我哪天是否可以去看看那幅画画得怎么样了，他回答说暂时还不便让人去看。希利尔那时三十五岁，打扮得很气派，活像一幅凡·戴克所作的肖像画中的人物，只是缺乏画中人的那种英气，脸上老是一副乐呵呵的神情。他比中等身材的人略高一些，瘦瘦的，一头浓密的黑发，唇上长髯飘逸，下巴上留着尖尖的小胡子。他喜欢戴墨西哥阔边帽，披西班牙斗篷。他在巴黎住过很长一段时间，常用钦佩的口气谈论莫奈[①]、西斯莱[②]、雷诺阿[③]等我们从未听说过的画家，而对我们内心十分崇敬的弗雷德里克·莱顿爵士[④]、阿尔玛－塔德马[⑤]和乔治·弗雷德里克·瓦茨[⑥]则嗤之以鼻。我心里常常想到他，不知他后来怎么样了。他在伦敦待了几年，原想有所作为，却一事无成，后来大概跑到佛罗伦萨去了。听说他在那儿开办了一所绘画学校，可是几年后我碰巧去了那座城市，打听起他来，却无人听说过他。我觉得他是有一定才气的，至今想起他给罗茜·德里菲尔德画的那幅画像，仍记忆犹新。不知那幅画像后来怎么样了，是被毁掉了还是被人收藏了，抑或画面朝着墙藏在切尔西的一家旧货店的阁楼上？我倒希望它至少能挂在某郡画廊的墙上，在那儿占有一席之地。

---

① 克劳德·莫奈（Claude Monet，1840—1926），法国画家，被誉为“印象派领导者”，是印象派代表人物和创始人之一。

② 阿尔弗莱德·西斯莱（Alfred Sisley，1839—1899），法国风景画家，印象派成员之一。

③ 皮埃尔·奥古斯特·雷诺阿（Pierre-Auguste Renoir，1841—1919），法国印象派画家。

④ 弗雷德里克·莱顿爵士（Sir Frederick Leighton，1830—1896），英国十九世纪唯美主义画派著名画家。

⑤ 劳伦斯·阿尔玛－塔德马（Lawrence Alma-Tadema，1836—1912），荷兰裔英国画家，被认为是维多利亚时代最受欢迎的画家之一。

⑥ 乔治·弗雷德里克·瓦茨（George Frederic Watts，1817—1904），英国画家、雕塑家。

话说希利尔最终同意我去看那幅画像的时候，我竟使自己陷入了尴尬的境地。他的画室位于富尔哈姆路，在一排店铺的后面，得穿过一条又黑又臭的过道才能抵达。那是三月里的一个星期天下午，天气晴朗，天空碧蓝，我从文森特广场穿过几条空寂无人的街道朝那儿走去。希利尔就住在画室里，里面有一张可以睡觉的很大的长沙发，画室后面有一个很小的房间，他就在那儿做早饭、冲洗画笔（大概也冲洗他自己吧）。

我到那儿的时候，罗茜还穿着画像时穿的衣服。他们正在喝茶。希利尔为我开了门，拉着我的手把我一路带到那幅宽大的画布前。

“这就是她的像。”他说。

他为罗茜画的是一幅全身像，画上的她穿着一件白丝绸的晚礼服，只比真人略小一点。这幅画像同我惯常见到的那种学院派肖像大不相同。我不知道该说什么才好，于是就把脑子里闪过的头一个念头脱口说了出来：

“什么时候可以画完？”

“已经画完了。”他答道。

我的脸涨得通红，觉得自己真是个十足的傻瓜。那时候，我还没有学会评价现代艺术作品的技巧，而现在我的这种技巧已达到炉火纯青的地步。如果需要，我完全可以写一本为业余爱好绘画的人指点迷津的简明扼要的指南，教导他们应该有独创的心态，以各种方式叫现代艺术家们感到满意。见到严苛的现实主义[①]画作，你可以大叫一声“天哪”，表示赞赏它的艺术魅力。如果他们让你看的是一位高级市政官的遗孀的彩色画像，为了掩饰你的窘态，你应当说“这实在是太

---

① 在艺术上，现实主义指对自然或当代生活做出准确的描绘和体现。现实主义摒弃理想化的想象，而主张细致观察事物，据实摹写。

真实了”。为了表示对后印象派①画家的赞赏，你应当低声吹一声口哨。要表现你对立体派②画家的看法，你应当说“这太有意思了”。“哇！”是用来表示你非常激动，“啊！”则表示你惊呆了。

“这实在像极了。”当时我却只笨嘴拙舌地说了这么一句。

“恐怕你觉得还不够浪漫吧？”希利尔说。

“我觉得非常好。”我连忙答道，想为自己解释解释，“你准备把它送到皇家艺术院去吗？”

“不！不！也许我会把它送到格罗夫纳画廊去。”

我把目光从画像转向罗茜，又从罗茜转向画像。

“你摆出画像时的姿势，罗茜，”希利尔说，“让他看看你。”

罗茜听了便起身到了模特儿的台子上。我盯着她看了看，又盯着画像看了看，心里产生了一种异样的感觉，像是有人在我的心头轻轻地插了一把尖刀，不过一点也不难受，虽然有点儿疼，却出奇地舒服；接着我突然感到双膝发软。现在我都分不清楚我记忆中的罗茜到底是她本人，还是她的画像。因为每当我一想到她的时候，出现在我脑海里的并不是那个我最初见到的穿着衬衫、戴着草帽的她，也不是那时或后来我见到她穿着别的衣衫时的形象，而总是希利尔所画的身穿白丝绸裙子、头上有一个黑丝绒蝴蝶结的模样，而且总是希利尔要她摆的那个姿势。

我一直都不知道罗茜到底有多大年龄，但尽力推算了一下，我觉得她大概有三十五岁了。不过，她看起来不像

① 后印象派艺术家将绘画的形和色发挥到极致，几乎不顾及任何题材和内容，用主观感受去塑造客观事物。代表人物有塞尚、高更及凡·高等。

② 立体派是西方现代艺术史上的一个流派，又译为立方主义，1908年始于法国，以毕加索、布拉克为代表。

三十五岁的人，脸上一点皱纹都没有，皮肤似小孩般光滑。我觉得她的眉眼并不十分出众，轮廓并不分明，丝毫不具备商店里所出售的美人照上贵族夫人的那种高贵的气质。她的鼻子大而短，眼小，嘴阔。然而，她的眼睛蓝如矢车菊，时而会跟那两片鲜红、性感的嘴唇一道绽出微笑——那是我所见过的最灿烂、最友好、最甜美的微笑。按说她天生一副阴沉忧郁的样子，但是每当她露出笑容的时候，这种忧郁就会突然变身，具有了令人销魂的魅力。她的脸色并不红润，而是一种很淡的褐色，只在眼睛下面微微泛出一点青色。她的头发是淡金色的，梳成当时流行的发式，绾得很高，额前有一排精心梳理的刘海儿。

“给她画像得讲究技巧。”希利尔看了看罗茜又看了看他的画，说道，“你瞧她的脸和她的头发，整体都是金色的，然而给你的感觉却不然，不是金色的，而是银白色的。”

我明白他的意思。画上的罗茜浑身都闪着光，但并非太阳的金光，而是淡淡的月光（如果说那光像是太阳光的话，也是黎明时分笼罩在白雾中的晨曦）。希利尔把她安排在画的中央——她站在那儿，双臂垂在身体的两侧，手心向着你，头略向后仰，这种姿势特别突出了她那珠玉一般美丽的颈部和胸部。她像一个在向观众谢幕的女演员，被出乎意料的掌声弄得茫然不知所措。不过话又说回来，把她比作演员未免就荒唐了，因为她是那么纯洁，似春天一般淡雅。这个天真的人儿，不知化妆油彩或舞台上的脚灯为何物。她像一个纯情少女，要顺从天意奉献出自己的纯真，投入恋人的怀抱。她那一代人不怕露出身体的线条——但见她体态袅娜，胸部丰满，臀部的线条非常分明。后来巴顿·特拉福德夫人看到了这幅画像，说这使她联想到了一头用于献祭的母牛。

第十五章

爱德华·德里菲尔德晚上要写作，罗茜无事可做，喜欢和朋友出去玩，不是跟这个出去，就是跟那个出去。她喜爱奢华，而昆廷·福德有的是钱，于是他就常雇马车来接她，带她去凯特纳饭店或萨伏依饭店吃饭，而罗茜也会为他穿上自己最漂亮的衣服。哈里·雷特福德虽然是个穷光蛋，却硬是装阔，也常雇马车来接她出去兜风，带她到罗马诺饭店吃饭，或者到苏豪区找一家正在走红的小餐馆大快朵颐。他是个演员，很会演戏，可是很难找到适合他的角色，因此经常失业。他三十岁上下，相貌丑陋，却并不惹人讨厌，说话短促，听上去十分有趣。罗茜喜欢他无所顾忌的生活态度；他穿着伦敦最好的裁缝为他缝制的衣服，虽然是赊账，不过那大摇大摆的样子以及他没钱时借五英镑也要赛马的大手大脚和他侥幸赢了钱便挥金如土的豪爽气度，都很讨罗茜的喜欢。他开朗而迷人，虚荣而自负，说话肆无忌惮。罗茜告诉我有一次他典当了自己的手表请她去外边吃饭，后来又带她去看戏，戏票是一个演出经理送的。他还向这位经理借了几英镑钱好在散戏后请他随他们一起去吃消夜。

她也同样喜欢和莱昂内尔·希利尔上他的画室去，一道烤羊排吃，晚间就在那儿聊天。她和我一起出去吃饭的次数却少之又少——我每次到他们家接她出去，总是在文森特广场的寓所吃过了饭才去，而那时她和德里菲尔德也吃过了。我们经常乘坐公共汽车到歌舞杂耍剧场去看表演，也去各家戏院看戏，不是去帕维林戏院就是去蒂沃里戏院，如果大都会戏院有我们想看的剧目，也会去那儿大饱眼福。然而，我们最喜欢去的则是坎特伯雷戏院，因为那儿的票价便宜，演的戏也很棒。看戏时，我们会叫人送几杯啤酒来。我一边喝啤酒一边抽烟斗，而罗茜则兴冲冲地环顾四周，望着那巨大的黑魆魆、烟雾缭绕的演出大厅，那里从上到下挤满了闹闹嚷嚷的伦敦南区[1]的观众。

“我喜欢坎特伯雷戏院，”她会说，“这儿有家的味道。”

我发现她还是个书虫，尤其喜欢读历史书，但只局限于某种类型的历史书，如女王的传记和皇室成员的情史等。对于书中的奇闻逸事，她讲给我听时会表现出小孩子似的好奇心。她对亨利八世[2]六个妻子的身世了如指掌，对菲茨赫伯特夫人[3]和汉密尔顿夫人[4]的事迹也知之甚详。她嗜书如命，从卢克雷齐娅·博尔吉亚[5]到西班牙国王腓力那几个妻子的传记无所不读。她也读过法国各个国王的那一大串情妇的艳

---

① 伦敦南区是平民居住区。

② 都铎王朝第二位英格兰国王及首位爱尔兰国王。

③ 菲茨赫伯特夫人（Maria Fitzherbert，1756—1837），天主教徒，1785年与后来成为英王乔治四世的威尔士亲王秘密结婚。

④ 汉密尔顿夫人（Lady Hamilton，1761—1815），英国历史上著名的交际花。

⑤ 卢克雷齐娅·博尔吉亚（Lucrezia Borgia，1480—1519），教皇亚历山大六世的私生女，惯于玩弄政治阴谋，曾结婚多次。

史，从阿涅丝·索雷尔[①]到杜巴利夫人[②]，她都很熟悉，对她们的风流韵事都一清二楚，如数家珍。

“我喜欢看写实的书，”她曾这样说，“不大爱看杜撰的小说。”

她喜欢闲聊黑马厩镇上的各种琐事，似乎对那儿的事情无论大小都很清楚。我觉得就是因为我和那个地方有联系，她才喜欢和我一块儿出来的。

“我大约每隔一个星期就去见一见我母亲，”她说，“只在那儿待一个晚上。”

“到黑马厩镇去？”

我觉得很惊讶。

“不，不是去黑马厩镇。”罗茜笑着说，“真不知我现在还有什么兴头去那儿。我是去哈弗沙姆，就住在以前我干过活的那家旅馆。我母亲会过去跟我见一见。”

她并不是一个健谈的人。碰到天气好的时候，我们晚上在歌舞杂耍剧场看完演出后往往走着回去，路上她从不开口说话。不过，她的沉默却叫你感到亲切和自在——你并不觉得她光顾自己想心事，冷落了你，你反而觉得周身有一种祥和的气场。

有一次我跟莱昂内尔·希利尔谈起罗茜，说我最初在黑马厩镇认识她的时候，她只是个看上去朝气蓬勃的年轻女子，不知怎么现在竟变成了一个公认的讨人喜欢的美人。（有些人可能不同意这种看法，会说：“当然，她的身材不错，但

---

① 阿涅丝·索雷尔（Agnès Sorel，1422—1450），绰号“美丽女士”，是法国国王查理七世的情妇。

② 杜巴利夫人（Madame du Barry，1743—1793），法国国王路易十五的情妇。

她的脸蛋我个人觉得并不怎么样。”还有人会说：“哦，是啊，她固然十分漂亮，但遗憾的是缺乏一点与众不同的特点。”）

“此事不消问，我这就可以解释给你听。”莱昂内尔·希利尔说，“你最初见她时，她只是一个气色清爽、体态丰满的乡下女人，是我把她变成了美人。”

我忘了当时是怎么回答的，只知道说出的话很不雅。

“好吧，这只说明你根本不懂得什么是美。以前并没有人觉得罗茜有什么出众之处，后来是我发现她美得就像一轮太阳，闪耀着银白色的光芒。我给她画了像，这时大家才看到她的头发是世界上最美的东西。”

“那么她的脖子、她的胸脯、她的举止、她的骨头，也都是你造就的吗？”我问道。

“是的，一点不错，都是我造就的。”

每逢希利尔当着罗茜的面谈论她的容貌时，她总是庄重地含笑听着，苍白的脸蛋上会泛起些许红晕。也许他一开始拿她的美作为话头和她说话的时候，她以为他只是在开玩笑，后来却发现他并不是开玩笑，而且把她画成了一个银白色和金黄色罩体的美人，不过，这并没对她产生特别大的影响——她固然觉得有趣，当然也高兴，还有点儿吃惊，不过并没有因此忘乎所以，只是认为希利尔有点儿癫狂。我常在心里犯嘀咕，不知他们俩之间是否有什么不同寻常的关系。我无法忘记自己在黑马厩镇上听到的有关罗茜的种种传闻，也忘不了我在牧师公馆花园里看到的那幕场景，也好奇她同昆廷·福德以及哈里·雷特福德的关系。我常留心观察她跟他们怎样相处，结果发现她跟他们并不特别亲昵，倒像是好朋友的关系。她常当着别人的面和他们约时间出去玩；看他们时，脸上总挂着那种调皮的孩子气的微笑（此时我发现她的微笑有一种神秘的美）。有时我俩并排坐在歌舞杂耍剧场里看戏时，我会望着她的脸。我并不认为自己爱上了她，我只是喜欢安安静静坐在她的身旁，看着她那淡金色的头发和淡金色的皮肤，享受那种感觉罢了。莱昂内尔·希利尔当然说得不错——奇怪的是，罗茜身上的这种金黄的色彩确实给人一种奇异的月光似的感觉。她有种夏夜般的宁静，那是光线慢慢地从万里无云的天空隐退时的宁静。她虽极其宁静，却不呆板，而是充满了生气，宛若肯特郡海岸边那沐浴在八月阳光下的波光粼粼的静谧的海面。她不禁使我想起有位意大利老作曲家所创作的一首小奏鸣曲，令人黯然神伤的旋律中有一种优雅的轻佻，跃动的活泼和欢乐中又回响着一声颤抖的叹息。有时她感觉到我在观察她，便转过头来盯着我的脸看上一会儿，却什么也不说。我不知道她心里在想什么。

记得有一次我到林帕斯路去接她出来，女佣说她还没有准备好，要我在客厅里等等。她进客厅时，穿一身黑丝绒的衣服，头上戴着一顶插满鸵鸟毛的阔边帽（我们打算去帕维林戏院看戏，她就是为此而打扮的）。她看上去美如天仙，看得我气都喘不过来，一时都呆住了。那天的装束给她平添了一副女性的端庄和一种令人惊奇的吸引力，她的清纯之美（有时候她看上去很像那不勒斯博物馆中那座精美的普赛克[①]雕像）与那身礼服的庄重形成了鲜明对比。她有一个在我看来非常罕见的特征：她两只眼睛下面的皮肤泛出淡淡的青色，像是沾着露水。有时候我真不相信这种颜色是自然的，一次便问她是不是在眼睛底下涂了凡士林，因为如此就会产生这种效果。她嫣然一笑，拿出一块手帕递给我，说：

① 罗马神话中的灵魂女神。

“你擦一擦，看是不是涂了。”

后来有一天晚上，我们从坎特伯雷戏院走回家，我把她送到家门口准备离开，伸手要跟她作别时，她却扑哧一笑，把身子探向前来说：

“你这个大傻瓜。”

她说完便吻了我的嘴——那既不是蜻蜓点水般匆匆的一吻，也不是热烈的一吻。她那两片丰满、红润的嘴唇在我的嘴唇上停留了好一会儿，使我充分感受到了它们的形状、它们的温暖以及它们的柔软。后来她从容不迫地把双唇缩回，默不作声地推开大门，一闪身走了进去，把我留在了外面。我当时惊讶得什么话都说不出来，傻乎乎地接受了她的吻。她进屋后，我仍愣在那里，过了一会儿才转身回我的寓所了。路上，我似乎仍能听见罗茜的笑声在耳边响起。那笑声不含轻蔑或伤害人感情的意思，而是一种坦率且亲切的笑声，听上去好像她喜欢上了我。

第十六章

接下来有一个多星期我都没有再和罗茜一起出去。她要到哈弗沙姆去见母亲，并在那儿住一晚。随后，她在伦敦又有许多交际应酬。有一天，她问我愿不愿意陪她到干草市场戏院去看戏。那出戏那时是很成功的，可惜免费的座位是搞不到了，于是我们决定去买正厅后座的票。我们先到莫尼科咖啡馆吃了牛排，喝了啤酒，然后就站在戏院外的人群中等着开门。那时候观众没有排队的习惯，门一开就蜂拥而入，发疯似的往里挤。我们俩挤得浑身发热，气喘吁吁，最终挤到我们的座位跟前时，已经有些狼狈不堪了。

戏散场后，我们穿过圣詹姆斯公园[①]往回走。那天的夜色特别美，我们在公园的一条长凳上坐了下来。星光下，罗茜的脸和她的那头浅浅的金发泛着柔和的光泽。她周身都散发出友善的气息，是那样的坦率，那样的柔情（恕我笔拙，我真不知怎样才能表达出她当时给我的感受了）——她就像一朵夜晚开放的银色花朵，只有在月光下才散发出芬芳。我悄悄地用胳膊搂住她的腰，她转过脸来望着我。这一次是我主动吻了她。她没有动，用她那柔软鲜红的嘴唇平静而热烈

① 位于白金汉宫对面。

地接受着我的热吻，似平静的湖水在接受月光。我记不清我们在那儿缠绵了多久。

她突然说道："我饿极了。"

"我也是。"我笑着说。

"咱们上哪儿去吃点炸鱼和炸薯条好吗？"

"好的。"

那时候，威斯敏斯特还没有成为国会议员及文化界名流所青睐的高级住宅区，而是一个脏乱邋遢的贫民窟，我对那个地方很熟悉。出了公园后，穿过维多利亚大街，我把罗茜领到了霍斯费里路的一家炸鱼店。那时天色已晚，店里只有一个顾客，是个马车夫，马车就停在店门外边。我们要了炸鱼和炸薯条，又要了一瓶啤酒。有个穷苦的女人进来买了两便士的杂碎，包在一张纸里带走了。我们吃得很香。

送罗茜回去的路上要路过文森特广场，在经过我的住处时，我问她：

"愿不愿意进去坐一会儿？你还从来没有看过我的房间呢。"

"你的女房东会怎么说？我不想给你惹麻烦。"

"没什么，她睡觉睡得很沉。"

"那我就进去待一会儿吧。"

我轻轻地用钥匙开了门，因为过道里一片漆黑，于是我拉着罗茜的手给她带路。进了我的起居室，我点亮了煤气灯。她摘下帽子，使劲挠了挠头，然后就找镜子要照。我是个讲究艺术的人，觉得原先放在壁炉架上的那面镜子不雅，早把它拿开了，所以在起居室里想照镜子是照不成的。

"到我的卧室去吧，"我说，"那儿有面镜子。"

我打开卧室的门，点亮了蜡烛。罗茜跟着我进去，我举起蜡烛，好让她照镜子。当她对着镜子梳理头发的时候，我看着她在镜子里的映影。她取下两三个发夹，用嘴衔着，拿起一把我的头发刷子，把头发从颈背往上梳去，然后把头发盘了起来，用手轻轻拍了拍，将那几个发夹又别了回去。她专注地整理头发时，她的目光在镜子里偶然和我的目光相遇，于是她冲我嫣然一笑。她把最后一个发夹别好后，转过脸来对着我，什么话都不说，只是静静地看着我，蓝眼睛里仍旧带着那一丝友好的笑意。我放下了蜡烛。那个房间很小，梳妆台就在床边。她举起手，轻轻地抚摸着我的脸颊。

这本书写到此处，我真有点后悔，不该当初用第一人称来写。如果用第一人称来写，你把自己写成一个和蔼可亲的人，或者加上一些感人肺腑的色彩，那当然很好喽；这种方式塑造谦逊的英雄主义或者具有悲剧色彩的幽默是最有效的。读者看到你这样的作品，如果眼睫毛上闪着泪花，嘴唇上现出柔情的微笑，那就再好不过了。然而，如果你把自己写成一个缺心眼少智慧的傻瓜，那就不好了。

不久前，我在《标准晚报》[①]上看到伊夫林·沃[②]先生的一篇文章，他在文章中说用第一人称写小说是一种可鄙的做法。我真希望他能解释一下原因，然而他只是抱着信不信由你的那种漫不经心的态度抛出了这一论调，跟欧几里得提出关于平行直线的著名论点时如出一辙。我对此事很上心，立刻向阿尔罗伊·基尔请教（他什么书都看，甚至也看那些由他写序的书），请他推荐几本关于小说艺术的书。根据他

---

① 英国伦敦地区主导晚报，于1827年创刊。

② 伊夫林·沃（Evelyn Waugh，1903—1966），英国著名作家，被誉为英国二十世纪最优秀的讽刺小说家，并被公认为二十世纪最杰出的文体家之一。

的建议，我看了珀西·卢伯克[①]先生的《小说技巧》。我从这本书里了解到写小说的唯一途径是学习亨利·詹姆斯；后来我又看了爱德华·摩根·福斯特[②]先生的《小说面面观》，我从这本书里了解到写小说的唯一途径是学习爱德华·摩根·福斯特自己；接着我又看了埃德温·缪尔[③]的《小说结构》，我从这本书里什么都没学到。这些书没有一本能解释我的疑惑，解我心结。不过，我还是发现了一个问题：笛福、斯特恩[④]、萨克雷、狄更斯、艾米莉·勃朗特和普鲁斯特这类作家之所以能名噪一时，而如今无疑已被世人忘记，就是采用了伊夫林·沃所责难的写作方法。随着年岁的增长，我们会越来越深切地感受到人是多么复杂、矛盾和缺乏理性。这也成了一些中老年作家创作时的唯一借口——他们原本该关注更加严肃的主题，却醉心于描写想象中的人物，写他们鸡毛蒜皮的小事。因为如果研究人类是以人为主题，那么，比较明智的做法就是研究杜撰出的那些合乎逻辑的、牢靠的、有理性的人物，而非现实生活中的那些没有理性、难以捉摸的人。有时候小说家觉得自己就像上帝，要把他书中人物的底细和盘托出；有时候他却又觉得自己不像上帝，于是该说的也不说了，只把自己知道的那一丁点东西交代交代。随着年岁的增长，我们会越来越觉得自己不像上帝了。所以，难怪小说家

---

① 珀西·卢伯克（Percy Lubbock，1879—1965），英国文学批评家、传记作家。

② 爱德华·摩根·福斯特（E. M. Forster，1879—1970），二十世纪英国作家，其主要作品有小说《看得见风景的房间》《霍华德庄园》等。

③ 埃德温·缪尔（Edwin Muir，1887—1959），英国诗人、文学评论家和翻译家。

④ 劳伦斯·斯特恩（Laurence Sterne，1713—1768），英国小说家，其代表作有《项狄传》。

年纪越大，就越不愿写超出他们个人生活经验范围的事情。针对这种有局限性的意图，用第一人称单数写作就成了行之有效的方法。

罗茜举起手，轻轻地抚摸着我的脸。真不知为什么当时我会那么没出息，我怎么也想象不来自己在那种情况下会做出如此的反应——我喉咙一紧，竟哽咽了一声！不知是由于害羞和孤独（是精神上的孤独，而不是肉体上的孤独，因为我整天都在医院里和各种各样的人打交道），还是由于当时的欲望过于强烈，反正我竟哭起来了。我一时觉得无地自容，羞愧难当，竭力想控制住自己，然而却停不下来；泪水夺眶而出，顺着我的脸颊朝下流。罗茜见我流泪，低声惊叫了起来，说道：

“啊，亲爱的，你怎么了？怎么回事？快别这样，别这样！”

她用双臂搂住我的脖子，也哭了起来，一边吻着我的嘴唇、眼睛和湿漉漉的脸蛋。接着她解开胸衣，把我的头拉到她的胸口上，抚摸着我那光滑的脸，轻轻来回摇动着我，好像我是她怀中的一个婴儿。我吻着她的胸脯，吻着她的洁白浑圆的脖子；她轻轻地脱下胸衣、裙子和衬裙。我抱紧她那穿着紧身褡的腰身；过了一会儿她便开始解紧身褡，吸了几口气才最终解了下来，然后就穿着衬衣站在我的面前。我把手放在她腰的两侧，可以感觉到紧身褡在那儿勒出了几道痕印。

“把蜡烛吹了吧。”她悄声说。

次日天麻麻亮，晨光透过窗帘钻进屋子，而夜色还未退尽，于是睡床和衣橱便显得影影绰绰，这时，她叫醒了我。她亲我的嘴唇，头发散落在我的脸上，弄得我痒痒的，使得我从睡梦中醒来。

“我得起来了。”她说，“我不想让你的女房东看见我。”

“时间还早着呢。”

她朝我弯下身子，两个乳房沉甸甸地压在我的胸口上。不一会儿，她下了床。我点上蜡烛。她对着镜子把头发扎好，随后在镜子里打量了一下她赤裸的身体。她生就一副小蛮腰，尽管体格健壮，身段却很苗条；两个乳房又坚实又挺拔，耸立在胸脯上，就像是用大理石雕刻而成的。这样的躯体就是为了男欢女爱而生的。在烛光下（那烛光和越来越亮的天光交织在了一起），她浑身闪烁着银白色光晕的金光，只有她的那两个坚挺的乳头是淡红色的。

我们默默地穿上衣服。她没有再束上紧身褡，而是把它卷了起来，我用一张报纸替她包好。我们蹑手蹑脚地走过甬道。当我打开大门，和她一道走上大街时，曙光扑面而来，就像一只猫从台阶上跳了过来。广场上空荡荡的，而沿街房子朝东的窗户上已经闪耀着阳光。我觉得自己就像这刚开始的一天那样充满朝气。我们挽着胳膊一直走到了林帕斯路的拐角处。

“就送到这儿吧，”罗茜说，“别人看见了不好。”

我吻了吻她，看着她远去。她走得很慢，身子挺得笔直，步子迈得坚定，就像一个村里妇人喜欢踩在肥沃土地上的那种感觉。我睡意全消，不可能再回去睡觉了，于是信步走到了河堤边。但见河水翻波，河面上罩着清晨那明亮的色彩。一条棕色的驳船顺流而下穿过了沃霍尔大桥的桥洞。靠近岸边的河面上有条小船，船上有两个男子在划桨。我觉得肚子饿了。

第十七章

在此后一年多的时间里，每逢罗茜和我一起出去，在回家的路上她总要到我的房间里待一待，有时候是一个小时，有时候一直待到次日天亮。曙光会警示我们：女佣们马上就要擦洗大门前的台阶了。至今我仍记得那些温暖、明媚的早晨，记得空气污浊的伦敦在清晨变得清新宜人，记得我们走在空荡荡的街道上脚下啪嗒啪嗒地响，也记得冬天寒冷、下雨的时节我们挤在一把雨伞底下在街上脚步匆匆地走过，虽然我们都不说话，心里却很欢畅。我们经过值班的警察身边时，他们会盯着我们看，有的会露出狐疑的神色，而有的眼里却会出现一丝心领神会的笑意。偶尔，我们会看见一个无家可归的流浪汉蜷缩在一个门廊底下睡觉，这时罗茜就会友好地轻轻捏一下我的胳膊，而我就会把一枚银币放在他那脱了形的膝盖上或者他那瘦骨嶙峋的手掌里（我这样做主要是装样子，想给罗茜留一个好印象，因为我自己还缺钱花呢）。跟罗茜在一起，我感到非常快乐。我十分喜欢她——她为人随和，容易相处，性情温和，而这种温和的性情会叫周围的人也受到感染。和她在一起，她会将欢乐传递给你。

在我俩成为情侣之前，我常常心存疑虑，不知她是否跟别人也有恋情，譬如和福德、哈里·雷特福德以及希利尔。

后来我问了她，她吻了吻我。

“别说傻话。我喜欢他们，这你是知道的。我爱跟他们出去玩，别的没有什么。”

我想问她以前是不是乔治·坎普的情妇，却又问不出口。虽然我从来没有见她发过脾气，可是我觉得她还是有脾气的，而且我隐约感到这个问题可能会惹恼她。我可不想让她因此而说出伤人的话，使得我无法原谅她。我那时很年轻，刚刚二十一二岁。在我眼中，昆廷·福德和另外那几个人都一把岁数了，和罗茜作为普通朋友来往并没有什么不正常的地方。一想到我是她的情人，我便感到有点激动和自豪。星期六下午的茶会上，当我看见她跟高朋贵宾们谈笑风生时，一种飘飘然的感觉就会在我心头油然而生。想一想我们俩在一起度过的良宵，再想一想那些人却被蒙在鼓里，对这个大秘密一无所知，我便有些忍俊不禁。但有时候，我觉得莱昂内尔·希利尔看我的时候，眼神里带点嘲笑的意味，仿佛在等着看我爆出笑料。这叫我忐忑不安，怀疑罗茜把我们之间的恋情告诉了他，抑或我自己在哪些地方露出了马脚。于是我就把心中的忧虑告诉了罗茜，说希利尔可能产生了疑心。她却用她那双似乎随时都会露出笑意的蓝眼睛望着我，说道：

“用不着为此而烦恼，他脑子里都是下流的念头。”

我和昆廷·福德的关系一直并不怎么密切。他把我看作一个笨头笨脑、无足轻重的年轻人（当然我也是这样的人），他虽然待我很有礼貌，但是从来都不正眼瞧我。这阵子，我觉得他对我比以前更冷淡了，也许这只是我自己的胡思乱想吧。有一天，哈里·雷特福德出乎意料地请我吃饭和看戏。我把他的邀请告诉了罗茜。

“哦，这你当然得去啰。他会让你过得很开心的。哈里这家伙，他总是能逗我发笑。”

于是我就去跟他吃了饭。他一团和气，说了许多男女演员的事情，给我留下了深刻的印象。他有幽默感，但其中总有些讽刺意味，总爱取笑他不喜欢的昆廷·福德。我想让他说说罗茜，他却什么也不说。他像是一个自我放纵的浪荡公子。说起风流韵事，他便眉飞色舞，眼神色眯眯的，让我知道他是个情场老手。我不禁暗自思量：他花钱请我吃饭是不是因为他知道我是罗茜的情人，因而对我有了好感？可是，如果他知道了，别人肯定也知道了。我心里的确颇为得意，面对他们有一种优越感，但愿我当时没有把这种优越感显露出来。

转眼到了冬天，元月将尽的时候，林帕斯路出现了一个新的客人。此人是个荷兰籍犹太人，名叫杰克·凯波尔，是阿姆斯特丹的一个钻石商人，因为买卖上的事务要在伦敦待几个星期。我不知道他是怎么和德里菲尔德夫妇认识的，也不知道他是不是慕德里菲尔德之名前来拜谒的。不过，他再次登门的时候，原因就昭然若揭了——他前来，并不是因为德里菲尔德。他身高体壮，肤色黝黑，已经秃顶，长着一个很大的鹰钩鼻，五十岁上下，不过看上去强健有力，是个好色、行事果断、喜欢追欢逐乐的人。他毫不掩饰自己对罗茜的爱慕。显然他很阔绰，因为他每天都给罗茜送上一束玫瑰。她责怪他不该这么破费，但心里却很受用。我对这个人简直无法忍受。他脸皮厚，说话大言不惭。我讨厌他流利的言谈（他的英语带点外国腔，但还标准），讨厌他肉麻地对罗茜献殷勤，也讨厌他对罗茜的朋友们的那股热乎劲。我发现昆廷·福德和我一样不喜欢这个人，我们俩几乎为此而相互亲近起来。

“幸好他在这儿待的时间不长。”昆廷·福德说话的时候噘起嘴，竖起两道黑眉毛；他那花白的头发和蜡黄的长脸使他看上去特别具有绅士风度。“女人全都一个样，就是喜欢无赖。”

“他这个人真是俗不可耐。”我发泄着胸中的怨气说。

“这正是他的迷人之处。”昆廷·福德说。

此后两三个星期，我几乎都见不到罗茜了。杰克·凯波尔天天晚上请她出去，轮番到各家高级饭店吃饭，戏也是看了一场又一场。我窝了一肚子气，心里很受伤。

“他在伦敦一个人也不认识。”罗茜试图平息我心头的怒火，“既然来了这里，他就想四处看看。老让他一个人到处逛总不大妥当。反正他在这儿再待两个星期就走了。”

我不明白她为什么要做这样的自我牺牲。

“可是，你不觉得他这个人很讨厌吗？”我问。

“不，我觉得他很有趣，老引得我发笑。”

“难道你看不出他已经完全迷上你了吗？”

“哦，他高兴那就随他吧，反正对我又没有坏处。”

“他又老又胖又讨厌，连我看了都起鸡皮疙瘩。”

“我觉得他还不至于这么令人厌恶。”罗茜说。

“你不该和他纠缠在一起。”我郑重地说，“我是说，他实在是太庸俗了。”

罗茜搔了搔头。这是她的一个很不雅的习惯。

“外国人和英国人的为人处世真是天差地别，这实在有意思。”她说。

谢天谢地，杰克·凯波尔总算回阿姆斯特丹去了。罗茜答应在他走的次日和我一起出去吃饭，我们约定到苏豪区去好好吃一顿。其时她坐了一辆马车来接我，然后就相伴而行。

“你那个讨厌的老头儿走了吧？”我问道。

“走了。”她大笑道。

我搂住了她的腰。（记得我在什么地方说过，男女的这种交往令人心情愉快，实际上也是非常有必要的，在马车里进行要比在当今的出租汽车里方便许多。鉴于已有前论，此处就不赘言了。）我抱住她的腰开始吻她。她的两片嘴唇就像春天的花儿一样。到了饭店，我先在一个挂钉上挂好帽子和外套（那天我穿的是一件很长的、腰身很紧、带着丝绒领子和袖口的外套，式样非常漂亮），然后要罗茜把她的披肩给我。

“我还是穿着的好。”她说。

“你会热得受不了的。等出去了，你会感冒的。”

“没关系。这件披肩我是头一次穿。你不觉得好看吗?你瞧，还有这皮手筒，是和披肩配套的。”

我看了一眼那披肩，是皮毛的。我当时并不知道那是貂皮的。

“看上去挺昂贵的。你怎么得来的？”

“是杰克·凯波尔送我的。昨天他动身之前，我们一起去买的。”她一边说，一边抚摸着披肩那光滑的皮毛，高兴得就像一个孩子得到了一个玩具似的。“你猜它花了多少钱？”

“我不知道。”

“两百六十英镑呢。你知道吗，我这辈子还从来没有买过这么贵的东西。我告诉他这太贵了，可他就是不听，非要给我买下不可。”

罗茜高兴得咯咯直笑，眼睛里闪着亮光。我却拉下了脸，觉得脊梁骨发凉。

“凯波尔给你买这么贵的披肩，德里菲尔德不觉得奇怪？”我说道，尽量使自己的声音听上去自然。

罗茜调皮地挤了挤眼睛。

“你知道特德什么样，他对什么都不注意。万一他问起来，我就告诉他这是我在一家当铺里花了二十英镑买的。他不会不相信的。”她说着把脸在领子上蹭了蹭，“多柔软啊！一看就知道是件值钱的宝贝。”

我觉得口里的饭难以下咽，为了掩饰内心的苦涩，便东一搭西一搭地跟她乱扯着。她却不大在意我说的话，脑子里只想着她的新披肩，而且每隔一分钟都要看一眼她硬要放在膝盖上的皮手筒。她爱不释手地看着它，一副慵懒、淫荡和怡然自得的神气。我很生气，觉得她又愚蠢又俗气。

“看你高兴的，就像一只吞了金丝雀的猫。”我禁不住生气地说了一句。

她只是咯咯一笑，说：

“我正是这种感觉。”

在我眼中，两百六十英镑是一笔巨款，我不明白一个人怎么舍得花这许多钱买一件披肩。我每个月只靠十四英镑生活，而且日子过得还很不错。为防读者不善算账，我不妨补充一句：一百六十八英镑就够我一年的开销。我无法相信有谁仅仅出于单纯的友谊会送她如此贵重的礼物。这岂不说明杰克·凯波尔在伦敦的时候天天晚上都和罗茜睡觉，如今他走了，就付了这报酬给她吗？她怎么能收下呢？难道她看不出这对她本人是多么大的侮辱？难道她看不出凯波尔送她这么昂贵的礼物是多么粗俗不堪？可是她显然没有这种感觉，因为她对我这样说道：

“他这人真好，对吧？不过犹太人都是很大方的。”

“我想这钱他还是出得起的。”我说。

“是的，他很有钱。他说他回去前想送我点东西，问我要什么。于是我说买件披肩配上一个手筒就可以了，但是我压根儿没想到他会买这么贵的。当我们走进那家商店后，我要店员给我看看俄国羔羊皮的披肩，可是他却说：不，要貂皮的，而且要最好的貂皮。店员拿出这件给我们看，他当下就拍板，一定要给我买下。”

听了这话，我便想到了那个又老又胖的淫棍将她那雪白似乳汁的肉体抱在怀里，用他那厚墩墩、皱巴巴的嘴唇吻她的嘴唇的情景。我原来就怀疑他们俩有一腿，只是不愿相信，现在才明白了过来那都是真的；我也明白了她每次同昆廷·福德、哈里·雷特福德以及莱昂内尔·希利尔出去吃饭之后都会跟他们谐鱼水之欢，就像跟我那样。我说不出话来，情知一开口就会伤人。我当时感到更多的是羞辱，而非妒忌。我认为自己被她当作十足的傻瓜愚弄了一番。我紧闭双唇，下定决心不让自己说出尖刻嘲讽的话。

饭后我们去看戏。可是我一句台词都听不进去，只能感到那件貂皮披肩光滑的毛皮紧贴在我的胳膊上，只能看见她的手指在不停地抚摸那皮手筒。想到别的那几个人我还能忍受，却无法忍受杰克·凯波尔。她怎么能和他干那种事呢？真是人穷志短呀！我真希望自己有足够的钱，那样就可以财大气粗地告诉她，如果她把这件该死的披肩退还给那个家伙，我就给她买一件更好的。终于，她注意到了我的沉默。

“你今天晚上话很少。”

“是吗？”

“你哪儿不舒服吗？”

“我很好。”

她斜眼看着我，我并没有朝她看，但是我知道她的眼睛里充满了我很熟悉的那种又调皮又孩子气的笑意。她没有再说什么。看完戏，外面天在下雨，于是我们便叫了一辆马车，我把她在林帕斯路的地址告诉了车夫。路上她一声也不吭，到了维多利亚大街才开口说道：

“你不想让我陪你回家吗？”

“随你便。”

她推起车篷上的小窗把我的地址告诉了车夫，然后拉过我的手握在她的手心里。但我无动于衷，两眼直直地盯着窗外，气呼呼的，阴沉着脸。到文森特广场时，我扶她下了车，一言不发地把她领进了屋，脱下帽子和外套。她把披肩和皮手筒丢在沙发上，走到我跟前问：

“为什么绷着脸？”

“我没有绷着脸。”我眼睛看着别处答道。

她用双手捧住我的脸说：

“你怎么这么傻呢？为什么杰克·凯波尔送了我一件皮毛披肩，你就生气呢？你又买不起这么一件给我，对吗？”

“我当然买不起。”

“特德也买不起。你哪能指望我拒绝一件价值两百六十英镑的皮毛披肩呢。我这辈子一直想要这么一件披肩，而这点钱对杰克来说又算不上什么。”

“你别指望我相信他只是出于友谊才送你这样的礼物。”

“这谁说得准。算啦，不管怎么说，他已经回阿姆斯特丹去了。鬼知道他什么时候才会再来。”

“跟你好的也不仅仅是他一个人。”

这时我看着罗茜，眼睛里充满了愤怒、委屈和怨恨。她却对我嫣然一笑，笑得极其甜蜜、温柔，真叫我不知怎么形容这个美丽的笑容。然后，她以一种柔情似水的声音说道：

“哦，亲爱的，何必为那些人伤脑筋呢？他们对你有什么伤害呢？难道我没有让你开心吗？难道你和我在一起不高兴吗？”

“非常高兴。”

“这就对了。为一点小事就大惊小怪、拈酸吃醋是很傻的。为什么不乐天安命，今朝有酒今朝醉呢？不出一百年，人人都会化为灰烬，那时你还管这些事吗？所以，能欢乐时且尽欢。”

她张开双臂搂住我的脖子，将两片嘴唇压在了我的嘴上。我怒火顿消，心里有的只是她的美丽和令人销魂的柔情。

“我就是这样的人，你可不要苛求。”她低语道。

“好吧。”我说。

第十八章

在这段时间里，实际上我是很少见到德里菲尔德的。他白天当编辑，忙得不亦乐乎，晚上则写书。当然，每个星期六下午他都在家接待来宾，他总是那么和蔼可亲，说一些略带嘲讽的打趣的话。他一见我就显得很高兴，总要愉快地跟我闲聊一会儿，聊的都是些无关痛痒的事。不过，他的主要注意力自然都放在了那些比我年长，身份比我重要的客人身上。这时我有一种感觉，那就是他和人越来越疏远了，不再是我在黑马厩镇认识的那个乐呵呵的、颇为粗俗的伙伴了。他虽然跟人谈笑和打趣，但他跟别人之间似乎有了一种看不见的隔膜，这或许只是我那颗越来越敏感的心所产生的错觉吧。他仿佛过的是一种幻想出来的生活，日常生活反倒有些影影绰绰，不真实了。他常被请去在公众宴会上发表演说，并参加了一个文学俱乐部。他靠着笔杆子闯出小圈子，广交朋友，越来越频繁地被上流社会的贵妇人邀请去赴午宴和茶话会（这些贵妇人最喜欢的就是把知名作家召集在自己身边）。罗茜也一样受到邀请，然而却很少应邀——她说自己不爱参加宴会，还说那些贵妇人实际上并无意邀请她，而只有意于特德。我觉得她是怯场，怕自己跟那种场合格格不入。也许，那些贵妇人觉得她讨厌，不愿意邀请她，不止一次在她面前流露过这种意思。她们邀请她，只是出于礼貌，等她去了之后就把她晾在一边，懒得跟她虚与委蛇。

大约在这个时候，爱德华·德里菲尔德发表了《人生的悲欢》。对于他的作品我就不加点评了，因为近来相关的评论文章连篇累牍地发表，已足以满足普通读者的胃口了。但对于《人生的悲欢》我还是需要说一句的：此书自然不是德里菲尔德最有名的作品，也不是他最走红的作品，但是在我看来，却是他最有意思的作品。在那些伤感的英国小说中，这部作品带有一种冷酷无情的独特色彩，它既清新又酸楚，味道就像酸苹果，酸得倒牙，咀嚼后却又有一丝甜和一丝苦，让你回味无穷。在德里菲尔德所有的著述中，只有这一部我倒是想花些笔墨写一写评价。书中描写的那个孩子死去的场面的确悲惨而又令人心碎，只是笔调上缺乏伤感或悲情，此后发生的情节也过于奇怪，读之令人难忘。

正是这本书的这一部分致使一场暴风雨突然从天而降，倾泻在了倒霉的德里菲尔德头上。此书发表后的头几天，也还风平浪静，状况跟他别的小说一样，有大量的评论文章出现，总体上都是唱赞歌的，但也有评论持保留的态度，销量不会差，然而也不会很好。罗茜告诉我说德里菲尔德希望这本书能给他带来三百英镑的进项，而且打算在河边上租一幢房子消夏。头两三篇评论文章对他的评价还是不温不火的，接着有一篇措辞激烈的文章登载在了一份晨报上，对这部作品展开了猛烈的抨击，篇幅占了整整一栏。文章指责此书是本无端冒犯人的淫秽小说，出版商难辞其咎，不该将这样的书介绍给公众。文章描绘了一幅幅令人痛心疾首的画面，认为这部小说必然会给英国青年一代带来灾难性的影响，并说它对女性是一种侮辱。这位评论家反对让这样的作品落到天真无邪的少男少女手里。其他报纸也落井下石，跟着敲边鼓。有些评论家更是愚蠢，要求查禁此书；有的人则在进行严肃思考，要请检察官介入，过问此事。声讨之声铺天盖地。即便有哪个勇敢的作家习惯于大陆派的那种比较写实的风格，站出来为爱德华·德里菲尔德说话，指出此书是他最优秀的作品，也不会有人理会的。他明明是在说实话，却被解读为居心叵测，意在哗众取宠。各家图书馆都将此书打入了冷宫，就连出租图书的铁路书亭也没有了此书的容身之地。

所有这一切对爱德华·德里菲尔德来说自然是很不愉快的，但他处之泰然，一副宠辱不惊的样子，只是耸耸肩。

“他们说我的小说不真实，”他笑着说，“那就让他们见鬼去吧。里面说的都是大实话。”

在这场磨难中，他得到了朋友们的忠实支持。朋友们认为，能否欣赏得来《人生的悲欢》就是是否具有审美力的标志——你理解不来此书，为之感到惊愕，那就等于承认自己是个没有文化修养的俗人。巴顿·特拉福德夫人立场坚定，毫不犹豫地声称这是一部传世之作。尽管她认为时机还不成熟，还没有到她请丈夫在《评论季刊》上为爱德华·德里菲尔德振臂高呼的时候，但她对爱德华·德里菲尔德的未来之信心却是不可动摇的。说来也怪（或许还可以称得上是有教益的），你现在读一读这本曾经引起那样轩然大波的书，你竟找不到一句能让哪怕是最讲究廉耻的人脸红的话，也找不到一个能叫今天的读者感到惊愕的情节。

第十九章

大约六个月之后，《人生的悲欢》所引起的骚动已经平息，德里菲尔德又开始写另一部小说，这部作品后来以“他们的收获”为名发表。我当时是医学院四年级的学生，在住院部担任外科医生的助手。有一天，我值班的时候要陪一位外科医生去查病房，于是就到医院的大厅去等候这位医生。我瞥了一眼放信的架子（因为有时候有人不知道我在文森特广场的地址，就把信寄到医院来），结果意外地看见了一封发给我的电报，内容如下：

请务必于今日下午五时来我处。有要事相商。

伊莎贝尔·特拉福德

我感到纳闷，不知道她找我有何事。在过去这两年里，我大概见过她十多次，但是她从来就没有注意过我，我也从来没有去过她家。我知道举行茶会的时候往往缺少男客，所以女主人等到最后发现男客不够的时候，可能会觉得把一个年轻的医科学生请来总也聊胜于无。可是，电报上的措辞不大像是请我去参加茶会。

我陪同查病房的那个外科医生既乏味又啰唆。直到过了五点，我才得以脱身，随后便往切尔西那儿赶，路上足足花了二十分钟。巴顿·特拉福德夫人住在泰晤士河河堤路上的一幢公寓里，我赶到她住所的时候已经快六点了。我按了门铃，问她是否在家。我被引进客厅后，便开始向她解释迟到的原因，可是她却马上打断了我的话说：

“我们猜到你有事脱不了身。没关系的。”

她的丈夫也在座。

“我想他恐怕想喝杯茶吧？”她丈夫说。

“噢，不过现在吃茶未免太晚了，是吗？”她温和地望着我，眼睛柔和、漂亮，里面满是关怀之情，“你不想喝茶吧，是不是？”

我那时又渴又饿，因为午饭只吃了一个黄油烤饼，喝了一杯咖啡，不过我不愿说这些，只是说了声自己不想喝茶了。

“你认识奥尔古德·牛顿吗？”巴顿·特拉福德夫人指着一个人问道。我进去的时候这个人正坐在一把宽大的扶手椅上，这时他从座位上站了起来。“我想你在爱德华家里见过他。”

我的确见过他。他不常去那儿，但他的名字我是熟悉的，此时一听便记了起来。他让我觉得很紧张，我大概从来没有和他说过话。如今他已被公众彻底忘掉，然而当时是英国最有名的评论家。他高个子，大腹便便，一头金黄色的头发，一张白净的脸肉乎乎的，淡蓝色的眼睛，金黄色的头发已经渐近灰白。他平时老戴一条淡蓝色的领带，以便与眼睛的颜色相配。在德里菲尔德家时，他见到作家们总是一团和气，说一些悦耳的奉承话，可是等那些作家一走，便将他们当作笑料说一些打趣的话。他声音低沉，说话慢条斯理，用词一用一个准，总是恰到好处——若论诋毁朋友，恐怕谁都不如他。

奥尔古德·牛顿和我握了握手。巴顿·特拉福德夫人一向都是很体贴人的，这时怕我不自在，便拉起我的手，让我坐在沙发上，跟她坐在一起。茶点仍放在桌子上没有撤掉，她便拿起一块果酱三明治，文雅地小口小口地咬着。

“最近你见到过德里菲尔德夫妇吗？”她问道，仿佛在没话找话说。

“上星期六我到过他们家。”

“从那以后，你就没有再见过他们俩吧？”

“是的。”

说到这里，巴顿·特拉福德夫人看看奥尔古德·牛顿，再看看她丈夫，随后又转回脸看牛顿，虽没作声，但似乎在请他们帮腔。

“不用拐弯抹角了，伊莎贝尔。”牛顿说道，幸灾乐祸地眨了眨眼睛，语气大大咧咧的，用词用得很准确。

巴顿·特拉福德夫人转过脸来对着我说：

“这么说你还不知道德里菲尔德夫人从她丈夫身边逃走了？”

“什么！”

我大吃一惊，简直不敢相信自己的耳朵。

“也许还是由你来把实际情况告诉他的好，奥尔古德。”特拉福德夫人说。

那位评论家闻言，把身子往后靠在椅子上，将一只手的手指尖顶着另一只手的手指尖，有声有色地讲了起来。

“昨天晚上我去见爱德华·德里菲尔德，为的是和他讨论我为他写文学评论时遇到的问题。晚饭后看天气好，我想一路散步走到他家去，他正在等我——我知道除非参加重要的活动，如伦敦市长或皇家艺术院举办的宴会，否则他晚上是从不出门的。谁知到了那儿，我却见他家的门开了，他竟走出了家门来！我当时有多么惊讶，有多么诧异，你是可以想象得来的。你一定知道伊曼纽尔·康德[1]的故事。他每天习惯在特定的时间出外散步，分秒不差，因此哥尼斯堡[2]的居民都习以为常地在他出来散步的时候对表。有一天他比平时早了一个小时从家里走了出来，吓得当地居民的脸都白了，情知这只说明有什么可怕的事情发生了。事实果然如此——伊曼纽尔·康德刚刚得到了巴士底狱陷落的消息。”

奥尔古德·牛顿停顿了片刻，为自己的话增强故事效果。巴顿·特拉福德夫人对他会心地笑了笑。

“看见爱德华匆匆朝我走过来，我倒并不认为发生了上述这种震撼世界的灾难，但是我却立刻意识到出了什么不幸的事。他既没拿手杖，也不戴手套，身上还穿着工作服，披一件黑羊驼呢的旧外套，头上戴着宽边呢帽，神情狂躁，举止失常。见此情状，我暗忖他大概是跟妻子拌了嘴才匆匆走出了家门，因为我知道夫妻之间吵吵闹闹是常有的事，要不然他这是急着去找邮筒发信也未可知。但见他快步如风，恰似古希腊神话中的一代英豪赫克托耳[3]。他似乎没看到我，使我顿起疑心，怀疑他不想见我。于是我便叫了一声他的名字止住了他。他看上去吃了一惊——我敢说他一时都认不出我是谁了。‘究竟是什么样复仇的怒火在你胸中燃烧，使得你如此仓促地穿行于皮姆利科这时髦的街道？’我问道。‘噢，

---

① 伊曼纽尔·康德（Immanuel Kant，1724—1804），德国哲学家，德国古典唯心主义的创始人。

② 德国原东普鲁士地区的首府，是康德的故乡。

③ 特洛伊战争中的英雄，后被阿喀琉斯杀死。

原来是你。’他说。‘你上哪儿去？’我问道。‘哪儿都不去。’他回答说。”

照这个速度，我觉得奥尔古德·牛顿的故事恐怕永远也没个尽头了，而如果我晚半个小时回去吃饭，女房东汉德森夫人一定会怪我的。

“我说明了我的来意，并且提议我们回他家去，因为在那儿更方便讨论困扰我的问题。‘我心乱如麻，不想回去，’他说，‘咱们还是随便走走吧，可以边走边谈。’我同意了他的话，转过身来和他一起向前走。但是他步子迈得太快，后来我只好求他慢一点走。就连约翰逊博士[①]那样的人走在舰队街[②]上，如果速度快得像特快列车，也是无法一边走一边和别人交谈的。爱德华看上去神情反常，情绪激动，我觉得把他带到行人稀少的街道谈事情才是上策。到了那儿，我和他谈起了写评论文的事情，说我正在构思的主题比最初的看上去要丰富得多，不知是否应该发表在周刊的文学评论专栏里。我把事情的方方面面讲了个透彻，末了征求他的意见。他却说了一句‘罗茜离开了我’，一时叫我摸不着头脑，不知他在说什么。不过我马上就明白了过来，知道他说的是经常递茶给我喝的那个体态丰满、尚有些吸引力的女子。从他说话的口气，我听出他心里难过，指望我能给他一些安慰，而非庆贺。”

奥尔古德·牛顿又停了一会儿，两只蓝眼睛熠熠闪光。

“这方面你是很行的，奥尔古德。”巴顿·特拉福德夫

---

① 即塞缪尔·约翰逊（Samuel Johnson，1709—1784），英国作家、文学评论家和诗人，他为了挤出时间写作，平时走路总是急匆匆的。

② 英国伦敦市内一条著名的街道，以邻近的舰队河命名。此街在传统上一直是英国媒体的总部，因此被称为英国报纸的老家。

人说。

“一点不错。”她丈夫说。

“我明白他在这种时候需要同情，于是便说道：‘好朋友……’可是他打断了我的话说：‘我刚收到通过最后一班邮车送来的一封信，方知道她和乔治·坎普勋爵私奔了。’”

我不禁倒抽一口凉气，但是一句话也没有说。特拉福德夫人飞快地瞅了我一眼。

“我问：‘乔治·坎普勋爵是何人？’‘他是黑马厩镇上的人。’他答道。我没有时间多想，决定还是坦率些好，于是便说道：‘你摆脱了她倒是一件好事。’‘奥尔古德！’他大叫了一声。我站住脚，一手抓住他的胳膊继续说着：‘你应该知道她瞒着你，跟你所有的朋友都有染，这已成了公开的丑闻。亲爱的爱德华，让咱们正视事实吧：你的妻子不是个良人，而是个荡妇。’他猛地把胳膊从我的手里挣脱出来，低吼了一声，愤怒得宛若婆罗洲[1]森林里的一只猩猩被夺走了到手的椰子一般，转身就一溜烟跑掉了，叫我想拦都来不及拦。我一时愣住了，但又无可奈何，只能呆呆地听着他愤怒的叫喊声和急匆匆跑走的脚步声。”

“你不该让他跑掉，”巴顿·特拉福德夫人说，“那种状态之下，他说不定会跳进泰晤士河里呢。”

“我想到了这一点，但我注意到他没有朝河的那个方向跑，而是冲进了我们刚刚走过的附近的那些穷街陋巷。再说，我当时心想：文学史上还没有过哪个作家在创作的过程中就寻短见。不管他遇到什么磨难，都绝不会愿意将一部未完成的作品留给后世的。”

① 一般指加里曼丹岛，世界第三大岛。

听到这些情况，我简直惊呆了，心里五味杂陈，又诧异又沮丧，同时还有点担心，不明白特拉福德夫人为什么要把我找来。她对我一点也不了解，不可能想到这个消息会引起我的特别关注，也不会费心劳神地把我叫来只为了把这件事当作新闻说给我听听。

“可怜的爱德华！”她说道，“当然，谁都不能否认这其实是因祸得福。我只是担心他会一时想不开，幸好他没干出什么莽撞的事。”她说着把脸转向了我，“牛顿先生把这件事一告诉我们，我就赶到了林帕斯路。爱德华不在家，女佣说他刚出门。这就说明他从奥尔古德身边跑开后到今天上午的这段时间里已经回过家了。你一定纳闷我为什么要请你来见我。”

我没吱声，等着她往下讲。

“你最初是在黑马厩镇认识德里菲尔德夫妇的，对不对？那你就可以告诉我们这个乔治·坎普勋爵究竟是谁。爱德华说他是黑马厩镇上的人。”

“他是个中年人，家里有妻子和两个儿子。他的儿子和我的年纪差不多。”

“可是我搞不清楚他到底是什么人，无论是在《名人录》还是在《德布雷特贵族年鉴》[①]，都查不到。”

我差一点笑出声来，说道：

“其实，他并不真的是个勋爵，而只是当地的一个煤炭商人。在黑马厩镇大家管他叫乔治勋爵，是因为他老是爱摆谱，拿他开开玩笑罢了。”

“农村人的幽默自有其味道，常常叫外边的人晕头转向。”奥尔古德·牛顿说。

---

① 初版由英国出版家德布雷特（Debrett）编纂出版，故有此名。

“咱们大家一定要齐心合力，帮亲爱的爱德华一把。”巴顿·特拉福德夫人说着，若有所思地把目光落到了我身上，“如果坎普和罗茜·德里菲尔德一起私奔了，那他一定丢下了他的妻子。”

“看来是这样。”我答道。

“你能帮个忙吗？”

“只要能帮，当然可以。”

“你能不能去黑马厩镇一趟，了解一下到底出了什么事？我觉得咱们应当和他的妻子取得联系。”

我从来不喜欢干预别人的私事，便回答道：

“真不知此事我该怎么做。”

“你不能去见见她吗？”

“恕难从命，这恐怕不行。”

巴顿·特拉福德夫人即便觉得我说话唐突，脸上也没有露出来。只见她莞尔一笑，说：

“不管怎样，这事可以以后再议。当务之急是得有人到那儿去一趟，打听清楚坎普的情况。今天晚上我将争取去看望看望爱德华——想到他独自一人留在那幢讨厌的房子里，我心里就觉得受不了。我和巴顿已经决定把他请到我们这儿来住。我们有一间空房，接他来住，让他有个写作的地方。你看这样是不是对他最合适，奥尔古德？”

“当然喽。”

“他长期住在这儿也不是不可以，至少住几个星期总是可以的，然后他可以和我们在夏天一起出游。我们打算去布列塔尼[①]。我肯定他会乐意去的，因为那对他而言可以彻底

① 法国的一个大区，位于法国西北部的布列塔尼半岛、英吉利海峡和比斯开湾之间。

改变一下环境。”

“目前的问题是，”巴顿·特拉福德说着，把目光聚焦在了我身上，眼神几乎和他妻子的一样亲切，“不知这位年轻的外科医生是否愿意到黑马厩镇去打听情况，了解端的。咱们必须弄清事情到了哪一步，这是至关重要的。”

巴顿·特拉福德说话时态度诚恳，语言诙谐，甚至用俚语的说话方式，全然不像个只对考古学感兴趣的学究。

“他不会拒绝的。”他的妻子说，一面用柔和、恳求的目光看了我一眼，“你不会拒绝吧？这件事太重要了，你是唯一可以帮助我们的人。”

她当然不知道我其实也和她一样急切地想了解事情的真相，也不知道我醋意大发，妒忌得心如刀绞。

“大概得等到星期六我才能离开医院。”我说。

“可以。你太好了，所有爱德华的朋友都会感激你的。你什么时候回来？”

“我必须在星期一清晨回到伦敦来。”

“那你下午就到我这儿来喝茶。静候你的光临。感谢上帝，一切都安排好了。现在我必须争取去看望看望爱德华。”

我明白这是在下逐客令，便起身告辞。奥尔古德·牛顿也作别，随我一起下了楼。

“咱们的伊莎贝尔今天有点像[1]阿拉贡的凯瑟琳[2]，我觉得她这样做非常得体。”大门在我们身后关上后，他嘟嘟哝哝地说，“这是一个千载难逢的机会，我敢打包票咱们的这位朋友是不会错失的。一个迷人的女人，还有一颗善良的

---

① 原文是法语：un petit air。

② 英国国王亨利八世的王后。

心！这真是维纳斯施展神通，把猎物一网打尽[①]。”

当时我不懂他的意思，因为我告诉读者的那些关于巴顿·特拉福德夫人的情况是我过了很久以后才了解到的。不过我听出他话中有话，隐约含有对巴顿·特拉福德夫人的恶意。也许是觉得有趣吧，我哧哧地笑了笑。

“你们年轻人大概喜欢乘小船吧——我们老一辈人在那些倒霉的年代将其称作伦敦的贡多拉[②]。”

“我坐公共汽车回去。”我答道。

“是吗？要是你打算坐双人马车的话，我倒想搭顺风车。然而，如果你乘坐普通的交通工具，按老式说法即所谓的公共汽车，那我还是把我这臃肿的身躯放到一辆四轮出租马车上的好。”

他招手叫了一辆马车，随后伸出两根胖乎乎的手指和我握了握。

“你所肩负的使命会被亲爱的亨利称之为玄妙的使命。星期一我会来聆听的。”

---

① 原文是法语：Vénus toute entière à sa proie attachée。引自法国古典主义剧作家拉辛所著的《费德尔》。

② 意大利威尼斯的一种特殊的水上交通工具。

第二十章

可是，过了几年之后我才得以再次见到奥尔古德·牛顿，因为当我到达黑马厩镇的时候，收到了巴顿·特拉福德夫人来的一封信（她很细心，记下了我的地址），信中叫我别到她家见面了，约我下午六点到维多利亚车站头等车的候车室里和她碰头，原因等她见了我时告诉我。星期一，我从医院的事务中脱身后，就马上赶到了那儿。稍微等了一会儿，我看见她进了屋，迈着轻快的步子朝我走了过来。

“怎么样？打听到什么情况了吗？咱们找个安静的角落坐下吧。”

我们找了找，找到了一个地方。

“容我先解释一下为什么约你到这儿来。”她说，“爱德华现在住在我那儿。起初他不肯去，但我还是把他劝过去了。不过，他现在情绪激动，身体抱恙，动不动就生气。我不想让他见你，怕生意外。”

我把自己打听到的情况一五一十讲给特拉福德夫人听，她听得很专心，不时地点点头。不过，黑马厩镇为此事已闹得乱成了一锅粥，我将这样的情景讲给她听，是没指望她能够理解的。小镇上已经吵翻了天。多年来那儿还没有发生过如此令人震惊的事件，惹得街谈巷议，无人不在讨论。真是矮胖子摔了一个大跟头[1]。乔治·坎普勋爵逃跑了。在出逃前大约一个星期，他宣布说他有事要去伦敦，两天之后就提出了破产申请。看来他在建筑业没有获得成功，他原来打算将黑马厩镇打造成一个海滨旅游胜地，结果响应者寥寥，这使得他只好挖空心思四处筹钱。小镇上有着各种各样的传言，说是有许多小户人家把积蓄交给他投资，最后落得血本无归。具体的细节尚不清楚，因为我叔叔和婶婶对做生意方面的事情一窍不通，而我在这方面的知识也很有限，他们的话也让我云里雾里的。不过我知道乔治·坎普的房子被抵押了，他的家具也被列上拍卖清单。他的妻子一分钱也没有落下，两个儿子（一个二十岁，一个二十一岁）都做煤炭买卖，受到破产的牵连。乔治·坎普逃走的时候把能搞到的现金都卷走了，据说有一千五百英镑左右（我想象不出他们是怎么知道的），还有人说警方已发出了对他的逮捕令。根据众人的猜测，他已经离开了英国，有的说他去了澳大利亚，有的说他去了加拿大。

"但愿能抓住他，"我叔叔说，"该判他终身服苦役。"

小镇上的人都很生气，他们无法原谅他，怨他平时总是大喊大叫、咋咋呼呼，喜欢拿别人开玩笑，还怨他喜欢摆谱，又是请人喝酒，又是举办游园会，出门就驾着他那辆漂亮的双轮马车招摇过市，歪戴着帽子耍气派。在一个星期天的晚上做完礼拜后，教会的堂会理事在法衣室里把一个大丑闻告诉了我叔叔，说乔治·坎普在过去两年中几乎每个星期都和罗茜·德里菲尔德在哈弗沙姆幽会，二人在一家客店里过夜。那家客店老板也把钱投在了乔治勋爵的一个很不稳定的项目

① 矮胖子是《鹅妈妈童谣》中的人物，摔了一跤后就再也爬不起来了。

中，后来发现自己的钱都打了水漂，这才将他的全部行径揭露了出来。如果乔治勋爵诈骗了别人他还能忍受，谁知那家伙连好心好意帮助他，把他当朋友看待的人也骗，这就未免太过分了。

“那两人大概是搭伴逃跑了。”我叔叔说。

“很可能是的。”堂会理事说道。

晚饭后，女佣收拾杯盘的时候，我走进厨房去和玛丽-安聊天。她那天晚上去教堂做礼拜，也听到了这个消息。我叔叔在台上讲经布道，听众们恐怕有许多人都走了神，并没有全神贯注地听讲。

“牧师说那俩是搭伴逃跑了。”我说。对于自己已经了解到的内情，我一个字也没提。

“嗨，他们当然是一块儿跑了。”玛丽-安说，“他是她唯一真心爱的人。他只消把手指竖起来招呼招呼她，她就会抛下一切跟他走。”

我垂下眼睛，觉得自己受到了莫大的屈辱，不由生起了罗茜的气，她对我太坏了。

“我想咱们大概再也见不到她了。”我说着，心里泛起一阵酸楚。

“恐怕是这样的。”玛丽-安愉快地说。

我将事情的始末告诉了巴顿·特拉福德夫人，把我认为需要让她知道的都讲了。她叹了口气，至于是因为满意还是因为伤感，我就不得而知了。

“唉，不管怎么说吧，这就是罗茜的结局。”她说着便站起身，把手伸给了我，“为什么这些文人要缔结这般不幸的婚姻呢？全都落个悲惨的下场，十分悲惨的下场。非常感谢你所做的一切。现在，情况已经很明朗了。最要紧的是别让这件事扰乱爱德华的工作。”

我觉得她的话前后有点不大连贯。有一点我却毫不怀疑：她压根儿就没有把我放在眼里。我陪她走出维多利亚车站，送她上了一辆去切尔西国王大道的公共汽车，然后步行回了自己的住处。

第二十一章

我和德里菲尔德失去了联系。由于心里惭愧，我不好意思去找他，再加上忙于考试，考完试又出了国，更不得见了。现在回想起来，我隐约记得曾在报纸上看到过他和罗茜离婚的消息。至于罗茜，则如石沉大海，没有了消息。她母亲倒时不时会收到一小笔汇款，或十英镑或二十英镑，都是放在挂号信里寄来，信封上盖着纽约的邮戳，却无发信人的地址，里面也没有信。人们猜想那是罗茜寄来的，因为除了她，谁都不会给甘恩夫人寄钱的。后来，罗茜的母亲活了很大的年纪才寿终正寝，罗茜可能通过什么途径知道了，也就不再汇款来了。

第二十二章

我和阿尔罗伊·基尔约好星期五在维多利亚车站碰头，乘五点十分的火车前往黑马厩镇。上了车，我们在吸烟车厢里找到一个角落，舒舒服服地相对坐下。这时我从他嘴里知道了德里菲尔德在他妻子跟人私奔后的大致情况。罗伊已经和巴顿·特拉福德夫人关系非常亲密。我了解罗伊，也记得特拉福德夫人的为人，知道他们建立友好的关系是板上钉钉的事。所以，听罗伊说他曾经陪同特拉福德夫妇游历欧洲大陆，和他们一起满怀激情地欣赏瓦格纳[①]的曲子、后期印象派的绘画以及巴洛克式建筑[②]，我一点都不觉得奇怪。他风雨无阻地去特拉福德夫人在切尔西的家中看望她，陪她吃饭。后来特拉福德夫人的年纪渐渐大了，身体越来越差，只好整天待在客厅里，罗伊不顾事务繁忙，仍然每个星期照例去看她一次，陪她坐坐。他是一个有良心的人。待特拉福德夫人去世后，他为她写了一篇悼念文章，以动人的感情公正地称赞她的善解人意，说她是一个慧眼识珠的女伯乐。

---

① 理查德·瓦格纳（Richard Wagner，1813—1883），德国浪漫主义作曲家。

② 十七至十八世纪在意大利文艺复兴建筑基础上发展起来的一种建筑和装饰风格。

罗伊对巴顿·特拉福德夫人那么好，最终得到了意想不到的回报，因为后者告诉了他许多爱德华·德里菲尔德的事情，而这些材料对他正在写的那部充满了感情的作品必然大有用处。想到这一点，我由衷地为他感到高兴。爱德华·德里菲尔德在他那不忠的妻子跟人私奔后，按罗伊的话来说，他的情绪只能用法语 désemparé[①]这个词才能形容得了，巴顿·特拉福德夫人不仅劝说他到她家里住，而且使他在她家里住了近一年。她对他关怀备至，始终体贴入微，既表现出了女性的善解人意和同情之心，也表现出了男性的刚强和力量，既有一副菩萨心肠，又有一双捕捉时机的火眼金睛。正是在她家里，德里菲尔德写完了《他们的收获》一书。她完全有理由把这本书看成自己的作品，而德里菲尔德把这本书献给她也足以说明他并没有忘了她的情意。她带他去了意大利（当然是和巴顿一起去，因为特拉福德夫人深知人心有多么险恶，她是不会给人留下造谣的借口的），手里拿着罗斯金[②]的一卷书，向爱德华·德里菲尔德展示这个国家那永恒的美。后来她为他在圣殿[③]找了一套房间，并在那儿为他安排一些小型的午宴，由她充当女主人的角色（这个角色她扮演得十分完美），让他接待慕名而来的人们（此时他的名气已越来越大）。

必须承认，他的知名度逐渐攀升，这在很大程度上要归

---

① 意思是心灰意冷。

② 约翰·罗斯金（John Ruskin，1819—1900），维多利亚时代英国著名的作家、美术评论家。

③ 即圣殿骑士团教堂，位于伦敦舰队街附近，由于位置较为偏僻，这里的氛围能够让骑士们真正地静下心来清修而摆脱世俗的烦扰，也是作家从事写作的一个好处所。

功于特拉福德夫人。他晚年时早已停止写作了，却名声大作，毫无疑问是特拉福德夫人靠着不懈的努力为之奠定了基础。她不但鼓励巴顿撰写了一篇稿子鼓吹德里菲尔德（也许很多地方是她的笔墨，因为她文笔极其出色），最终将这篇稿子投给了《评论季刊》（这篇文章首次提出应当把德里菲尔德列入英国小说大师的行列），而且德里菲尔德每出一本新书，她都要举办一次招待会为之扬名。她四处奔走，拜访编辑，而更重要的是拜访各个有影响的报纸杂志的老板；她举办晚会，把能用得上的人都邀请来。她还劝说爱德华·德里菲尔德到重量级人物的家里朗读他的作品，为慈善事业造势，还想方设法将他的照片登在插图周刊上，甚至亲自修改他接受采访时的讲话稿。整整十年，她孜孜不倦地充当他的宣传员，使他不断在公众面前亮相。

巴顿·特拉福德夫人乐在其中，却没有因此而忘乎所以。而倘若某个宴会请了爱德华·德里菲尔德却没有请巴顿·特拉福德夫人，那是行不通的，他是不会接受的。每当巴顿·特拉福德夫妇和他都受到邀请参加宴会，他们三个人必定是同去同归——特拉福德夫人绝不会允许他离开自己的视野。有些宴会的女主人可能会大为恼火，可又无可奈何——她们要么接受这种情况，要么就放弃邀请。一般来说，她们都只好接受。巴顿·特拉福德夫人如果偶尔生点闷气，也都是通过德里菲尔德发泄出来——她本人依然风度迷人，德里菲尔德却会变得异常粗暴。不过，她是知道如何让他畅所欲言的，一旦在座的都是些社会精英，她可以让他精彩亮相。她对他开诚布公，从不隐瞒自己的观点，并说他是当代最伟大的作家。每次提到他，她总是以大师相称，也许有些调侃的意味，然而却是给他戴的一顶漂亮的高帽子（这竟成了她的一贯做法）。直到最后，她都是这般半戏谑半奉承地称呼他。

后来祸从天降——德里菲尔德得了肺炎，病得非常厉害。有一阵子他已没有了生的指望。巴顿·特拉福德夫人极尽女性之温柔，情愿亲自服侍他，但她身体虚弱，毕竟已是年过花甲之人，所以只好请专业人员护理了。最后他总算脱离了危险，医生们都说他应该到乡间去休养，还说他的身子仍然极其虚弱，必须有个护士随行。特拉福德夫人要他去伯恩茅斯[①]，以便自己周末去看望他，看那儿的事务是否安排得妥帖，可是德里菲尔德却对康沃尔郡情有独钟，医生也认为彭赞斯镇[②]的温暖气候对他有益。你恐怕会认为伊莎贝尔·特拉福德这般心思细密的人准会有一种不祥的预感。差矣。她让他去了。她对随行的护士千叮咛万嘱咐，声称这是将一项重大的使命交给了她，说德里菲尔德即使不能代表英国文学的未来，至少也是当今英国文学中最杰出的代表，所以一定要负责他的起居安危——这是价值不可估量的重担。

三个星期后，爱德华·德里菲尔德写信给她，说他经特别许可[③]，已经和他的护士结婚了。

我觉得没有任何一种情况能像巴顿·特拉福德夫人处理这种局面一样卓越地彰显她伟大的灵魂。那么，她有没有大叫负心人啊负心人？她有没有歇斯底里地发作，扯自己的头发，倒在地上，双脚乱踢？她有没有向性情温和、学问渊博的巴顿大发脾气，骂他是个十足的老傻瓜？她有没有骂男人不忠不信，女人水性杨花，或者可着嗓门大喊大叫，说出一

① 英格兰西南部多塞特郡的一个海滨游览胜地。

② 英国康沃尔郡的一个小镇，本义是“神圣的海角”，是理想的度假休闲地。

③ 指主教批准的特殊婚姻许可。

连串污言秽语，只图减轻自己情感上所受的伤害（据精神病医生说，那些极为正经的女人一旦发作，就会语出惊人，说出这种话来）？没有，一点也没有！她给德里菲尔德写了一封感人的贺信，还给他的新娘写信说她十分高兴，因为现在她不是只有一个密友，而是有两个了。她请他们夫妇回到伦敦后上她家去盘桓一阵。随后，她逢人便说她对这桩婚事感到非常、非常高兴，因为爱德华·德里菲尔德不久就会步入桑榆晚景，总得有个人照料他，而能胜此任者莫过于医院的护士了。对那位新过门的德里菲尔德夫人她则极力称赞，说她并不见得漂亮，不过脸儿却十分可人，虽然算不上是个大家闺秀，却可以叫爱德华的日子过得舒坦——爱德华要是娶了千金小姐，只会感到不自在。据此，这一对夫妻完全是天造地设的一对。我觉得可以公道地说，巴顿·特拉福德夫人身上不乏人类的善良天性，只是叫人隐约觉得这种善良天性中也包含着尖刻无情的一面，此一事例便可为证。

第二十三章

话说我和罗伊到达黑马厩镇的时候，有辆既不十分豪华也不过分寒碜的小汽车正在那儿等他，司机交给我一封德里菲尔德夫人的短信，请我次日和她共进午餐。接下来，我坐上一辆出租汽车去了“熊与钥匙”客店。我曾听罗伊说海滨大道上盖了一家新的海洋饭店，但我不愿只因贪图现代文明的奢华生活，便将自己少年时常去的地方抛在一边。在火车站的时候，我就看到了小镇的变化——火车站已经不在原来的地方，而是迁到了一条新街道旁；另外，坐着汽车在大街上奔驰，也是一种全新的感受。不过，“熊与钥匙”客店倒没有什么变化，对待客人仍是那般冷漠、无礼——门口一个人也没有，司机把我的旅行包放下后就开车走了。我叫了一声，见没有人答应，便信步走进酒吧间，发现那儿有个年轻的短发女子正在读康普顿·麦肯齐[1]的小说。我问她有没有空房间。她有点生气地看了我一眼，说大概有的。我见她不上心，就很客气地问是否有人可以带我去看看房间。她站起来，打开一扇门，尖声叫道：“凯蒂！”

我听见有个声音答道：“什么事？”

---

① 康普顿·麦肯齐（Compton Mackenzie，1883—1972），英国作家。

“有位先生要住店。”

不一会儿，来了一个老妪，面容憔悴，穿一条脏兮兮的印花布裙子，灰白的头发乱得像鸡窝。她带我走上两段楼梯，进了一个脏污不堪的小房间里。

“能不能给我找个比较好的房间？”我问道。

“这是生意人常住的房间。”她抽了一下鼻子答道。

“你们没有别的房间了吗？”

“单人的没有了。”

“那就给我一间双人房吧。”

“我去问问布伦特福德夫人。”

我陪她一起往下走到二楼，她在一扇门上敲了敲，里面的人叫她进去。她推开门，我瞥见房里有个五大三粗的女人，头发已经灰白，却精心地烫成波浪形，正在拿着一本书看。看来，在“熊与钥匙”客店，人人都对文学感兴趣。凯蒂告诉她，说我对七号房间不满意，她听了便冷淡地瞅了我一眼，说：

“那就带他去看五号房间吧。”

我开始有点后悔，怪自己有些草率，不该那么傲慢地拒绝了德里菲尔德夫人留我在她家住的好意，也怪自己不该感情用事，全然将罗伊要我住海洋饭店的明智建议当成了耳旁风。正懊悔间，凯蒂已把我重新带到了楼上，引我进了一个面朝街道的比较大的房间，里面的大部分空间都被一张双人床占去了。那几扇窗户八成有一个月都没有开过了。

我对她说这个房间就行了，并问了吃饭的事。

“你想吃什么都可以。”凯蒂说，“我们这里虽然什么都没有，但我可以到别处为你张罗。”

我了解英国客店提供的食谱，于是就点了油煎比目鱼和烤肋排。随后我便出去散步了。我向海滩走去，发现那儿建了一个广场，我记得原来只是一片海风吹拂的田野，里面伫立着一排平房和别墅。不过，那些建筑物斑斑驳驳，被雨水淋得满是污点，这使我想到乔治勋爵曾经梦想将黑马厩镇变成一个受大众喜爱的海滨胜地，但这许多年过去，他的梦想始终没有实现。只见一个退伍军人、两个老年妇女在沿着到处塌陷的柏油路溜达。眼前一派萧瑟凄凉的景象。突然风起，冷气逼人，从海上飘来一股蒙蒙细雨。

我急忙取路返回小镇，发现在“熊与钥匙”和“肯特公爵”两家客店中间的空地上站着一些人，他们不顾天气恶劣，三三两两地聚集在那儿。这些人跟他们的父辈一样，眼睛也是淡蓝色，颧骨高高的，上面带着两团红晕。让人感到诧异的是，有些身穿蓝套衫的水手至今还在耳朵上戴着小金耳环，非但老水手戴，就连稚气未脱的十几岁的小男孩也戴。我沿着街道信步走去，发现以前的银行重新装修了门面，而文具店却还是老样子。我曾在这家文具店买过纸和蜡，为的是和一个我偶然遇到的不知名的作家[①]去摹拓碑刻。街上新开了两三家电影院，门口贴着花花绿绿的海报，让这条古板的大街突然有了一种放荡不羁的气氛，看上去就像一个受人尊敬的老妇人喝醉了酒放纵的模样。

回到生意人常住的那个阴暗寒冷的房间，我在一张足够六个人用餐的大桌子旁坐下独自吃饭，由那个邋遢的凯蒂在旁边伺候。我问她能不能给房间生火。

“六月里不行。”她说，“过了四月，我们就不生火了。”

“我会付钱的。”我争辩道。

---

① 此处指的是成名前的爱德华·德里菲尔德。

"六月里不行。要在十月里就可以，但六月里不行。"

吃完饭，我到酒吧间去喝杯波尔图葡萄酒。

"很安静嘛。"我对那个短发女招待说。

"是啊，是很安静。"她回答说。

"我还以为星期五晚上你们这儿会有很多客人呢。"

"哦，人们会有这种感觉，你说是吧？"

这时一个身体结实的红脸膛男子从后厢房走了出来，灰白的头发剪得很短。我猜他就是客店老板，便问道：

"你就是布伦特福德先生吧？"

"不错，我就是。"

"我认识令尊大人。和我喝杯酒好吗？"

我报出了自己的姓名，我觉得我的名字在他少年时代便为黑马厩镇的居民所熟知，知名度超过别的任何一个人，谁知他却记不得我，这就叫我有点窘迫了。不过，他还是接受了我的邀请，陪我喝了酒。

"到这儿来办事吗？"他问我，"我们常常接待做生意的先生，历来都愿意竭诚为他们效劳。"

我说是来拜访德里菲尔德夫人的，具体目的却没说明，由着他猜。

"以前，德里菲尔德老先生我是经常见的。"布伦特福德先生说道，"他特别喜欢来这儿坐坐，喝上一杯苦啤酒。不瞒你说，他不是贪杯才来这儿，而是喜欢坐在酒吧间里聊天。哇，他真是能聊，一聊就是好长时间，也不管对方是什么人。德里菲尔德夫人一点也不喜欢让他来这儿，于是他就偷着来，跟谁也不打招呼便溜出家门往这里跑。你知道他那么大年纪的人走这么长一段路也是不容易的。当然，家里一不见了他，德里菲尔德夫人就知道他准在这儿，于是便会打电话来询问。

随后她就会坐上汽车来这儿找我老婆，见了我老婆就说：‘烦请你去把他找来吧，布伦特福德夫人。我不想到酒吧间里去，那儿喝酒的人太多。’于是我老婆就会进酒吧间对他说：‘喂，德里菲尔德先生，你夫人坐车来找你了，你还是快点喝了酒跟她回去吧。’他每次都要我老婆在德里菲尔德夫人打电话来找他的时候别说他在这儿，可是我们当然不能这么做。他年岁大了，又是那么个人物，我们可不想担这个责任。你知道他是在这个教区土生土长的，头一个妻子也是黑马厩人，如今已亡故多年，我却是不认识的。这老头蛮有趣的，一点架子都没有，但据说在伦敦却很吃香，是个了不起的人物，去世的时候报纸上满是哀悼他的文章。而在这里你跟他闲聊，却一点也不会觉得他了不起，只会觉得他跟你我一样，也是个普通人。当然，我们总想让他舒服些，想请他坐在安乐椅上，可是他每次都不肯，非要坐在吧台跟前，他说他喜欢把脚踩在高脚凳横档上的那种感觉。我相信他在这儿比在别的任何地方都心情愉快。他常说他喜欢酒吧的气氛，他在那里看见生活，而他永远热爱生活。真是个有个性的人物！他让我想起我老爹，只是我家老爷子一辈子连一本书也没看过，每天喝一瓶法国白兰地消闲度日，一生无病，七十八岁时一病而亡。德里菲尔德老头突然离世，我那时还挺想他的。前两天我还对我老婆说很想什么时候读读他的书呢，听说他有好几本书写的都是此处的人和事。”

第二十四章

第二天早上天气阴冷，但是没有下雨，我沿着大街向牧师公馆走去。我认出了街旁那些店铺的招牌，都是有几百年历史的肯特郡的姓氏（有姓甘恩的，姓坎普的，姓科布的，还有姓伊古尔登的），却看不见一个自己认识的人。我觉得自己仿佛是个孤魂野鬼在街上游荡——正是在这条街上，曾经我几乎认识这里的每一个人，即便没说过话，至少也面熟。突然，一辆非常破旧的小汽车从我身边开过，随后猛地刹住，往后倒了倒。我发现车里有个人在好奇地打量我，接着就见一个高大魁梧、上了年纪的人从车里钻出来，向我走了过来。

“你不就是威利·艾舍登吗？”他问道。

这时我认出他来了。他是镇上医生的儿子，跟我一块上过学，我们有着几年的同窗之谊。我知道他后来继承父业，当了医生。

“嗨，你好吗？”他问道，“我刚到牧师公馆去看我孙子了。那宅子现在成了一所预备学校[①]，这学期一开学我就把他送到了那儿。”

他衣衫破旧，头发蓬乱，但相貌堂堂，看得出年少时一

---

① 英国为准备升入公学者而设的私立小学。

定是个特别俊秀的人。有趣的是，我当年竟从未注意到这一点。

“你都当祖父啦？”我问道。

“都当了三次了。”他笑道。

这叫我吃了一惊。他从呱呱坠地、蹒跚学步到长大成人、结婚生子，后来又有了孙辈；从外表来看，我知道他在不停地劳作，生活得很拮据。他的言谈举止有着乡村医生所特有的那种直爽、友好和奉迎。唉，他的人生大戏已经演完，我却仍然心怀书籍和剧本的创作，未来我有许多打算，还能享受许多人生的乐趣。不过，恐怕在别人看来，我也跟他一样是个风烛残年的老人了。由于吃了这一惊，我就无心问候小时候常和我在一起玩耍的他的兄弟或者我其他少时的朋友了，说了几句寒暄的话便离开了他。我继续往前走，朝着牧师公馆那儿去了。那宅子很宽敞，但房屋布局零乱，在那些跟我叔叔相形比较看重自身地位的现代牧师看来，公馆所处的地点过于偏僻，而且面积过大，所需费用叫人吃不消。它坐落在一个大花园里，四面都是绿色的田野，门前有一块四四方方的大布告牌，上面说明这是一所供当地的世家子弟就学的预备学校，还列出了校长的姓名和学衔。我隔着木栅栏望去，但见花园里又乱又脏，我以前经常钓拟鲤的那个池塘已经给填掉了。原来属于教区牧师的田地被划成了一块块建筑场地，那儿有几排小砖房和几条修缮得很粗糙的高低不平的小路。我顺着欢乐小道往前走，发现那儿也建了一些房屋，都是朝着大海的平房。原来的公路收费站现在变成了一家整洁的茶馆。

我四处转了转，发现周围新出现了许许多多的街道，街上的小房子林林总总，都是清一色由黄砖砌成，只是不知里面住的是什么人，因为街上一个人影也看不见。我朝港口走去，那儿十分冷清，只有一条货船停在码头外面不远的地方。两三个水手坐在一座仓库外面，我走过的时候他们都盯着我看。煤炭生意已经萧条，不再有运煤船到黑马厩镇来了。

接着是时候到弗恩大宅去了，于是我便返回了“熊与钥匙”客店。客店老板曾说他有一辆戴姆勒牌汽车可以出租，我已和他说好坐这辆车去参加午宴。我回到客店的时候车子已经停在门口。那是一辆布鲁姆式汽车[①]，不过是最老的款式，是我见过的这种型号中最破旧的车。行驶时它嘎嘎吱吱、叮叮当当、哐哐唧唧地响个不停，有时还猛地朝前一蹿，我不知自己还能不能到达目的地。而这辆车的不寻常之处在于它的气味——竟和当年我叔叔每星期天上午雇来乘坐去教堂的那辆四轮活顶马车的气味一模一样，真叫人啧啧称奇。那是一种马厩和马车底部腐烂的稻草散发出的刺鼻的气味。我左思右想不得其解，不明白这么多年过去了，为什么这辆汽车竟也散发出这种气味。不过话又说回来，不管它是香气还是臭气，正是它最能勾起我对往事的回忆。我忘了眼下自己正坐车走在路上，仿佛看见自己又成了一个小男孩，坐在马车前座上，身旁放着圣餐盘，对面坐着婶婶，身上微微带有一点洗得干干净净的衣衫和科隆香水所散发出的那种气味。我婶婶披着黑色的丝绸斗篷，头戴一顶小帽子，帽子上插着一根羽毛。我叔叔坐在她身旁，穿着法衣，粗粗的腰间系着一条宽宽的螺纹绸腰带，颈上的金链子上挂着一个黄金十字架，一直垂到肚子上。

“喂，威利，你今天可要规矩些，老老实实坐在位子上，

---

① 一种驾驶座敞顶的汽车。

不要将身子转来转去的。上帝的殿堂可不是戏耍的地方，你千万别忘了自己的身份，你应该给别的没有你的优势的孩子树立个榜样。”

话说我到达弗恩大宅的时候，德里菲尔德夫人和罗伊正在花园里散步，见我从车上下来，便迎了过来。

“我正让罗伊看我种的花呢。”德里菲尔德夫人一边和我握手一边说。接着她叹了口气，又说：“现在我只剩这些花了。”

跟六年前我最后一次见她时相比，她并不显老，穿一身丧服，姿容娴静，领子和袖口都是白绉纱的。我注意到罗伊身穿一套齐整的蓝西装，打一条黑领带，如此装束大概是为了向那位大名鼎鼎的亡者表示敬意。

“我带你们去看看我种的花草，然后咱们就吃午饭。”德里菲尔德夫人说。

我们在花园里转了一圈。罗伊知识渊博，知道花草各自的名称，脱口就能吐出相应的拉丁语，就像卷烟机吐出香烟一样顺溜。他对德里菲尔德夫人提出种种建议，说应该增加哪些品种，从哪儿可以搞到，以及哪些品种特别漂亮。

“咱们进爱德华的书房看看好吗？”德里菲尔德夫人提议说，“我一直让那书房保持着原样，跟他生前一般无二，我什么都没有变。来参观的人络绎不绝，人数之众你们见了一定会惊讶的。当然，他们最想看的是他生前用过的书房。”

我们从一扇开着的落地窗进了书房，见书桌上放着一钵玫瑰，扶手椅旁边的小圆桌上有一份《旁观者》[①]，烟灰缸里放着这位大师生前用的烟斗，墨水台里盛着墨水。一切都布置得井井有条。可是不知为什么，我觉得房里奇怪地有种

① 《旁观者》创刊于1828年，是英国全国性周刊中历史最久的杂志。

死气沉沉的氛围，里面已经有博物馆的那种霉味。德里菲尔德夫人走到书架面前，半开玩笑半带伤感地微微一笑，一只手迅速在六七本蓝封面的书的书脊上滑过，对我说道：

“你不知爱德华有多么喜欢你的书，经常看完一遍再看一遍。”

“我很高兴。”我彬彬有礼地答道。

我心里有数，知道上次我来这儿时书架上并没有我的作品。于是，我随意地抽出一本，用手在上面摸摸，看有没有灰尘，结果发现没有。我又拿下一本，是夏洛蒂·勃朗特的作品，便一边东一搭西一搭闲聊着，一边也在上面摸摸，发现上面也没有灰尘。我只好做这般推想：德里菲尔德夫人是个杰出的主妇，而她的女仆也一定手脚勤快。

随后，我们进餐厅吃饭，那是一顿很丰盛的英式午饭，有烤牛肉和约克郡布丁。饭间，我们谈到了罗伊正在写的那本书。

“亲爱的罗伊工作量很大，我真想尽自己的力量减轻一点他的负担，”德里菲尔德夫人说，“所以一直在为他收集材料，反正能收集多少就收集多少吧。当然，这是一件很辛苦的事情，但也很有意思。我找到了很多旧照片，一定得给你们看看。”

饭后，我们走进了客厅。此时我又一次注意到德里菲尔德夫人将客厅布置得多么巧妙。那里几乎不像是某个妻子的客厅，倒更适合于一个著名文人的遗孀。那些印花棉布制品，那一碗碗熏房间的百花香，那些德累斯顿的瓷像，似乎都带着一种淡淡的惆怅，像是耽于沉思，在怀念那辉煌的过去。由于天气寒冷，我真希望客厅里能生上一炉火，但英国人是一个既能吃苦又很守旧的民族，宁可让别人受点罪，也难以叫他们坏了自己的原则。所以我怀疑德里菲尔德夫人是否会想到在十月一日之前在房间里生火的可能性。她问我最近有没有见到那年把我带到他们家来和他们夫妇一起吃午饭的那位夫人——她的语气里含着几许辛辣尖刻的幽默，我听了猜得出自从她那声名显赫的丈夫驾鹤西去，那些追逐时尚的大人物就换了一副面孔，明显地不愿再搭理她了。我们刚刚在客厅里坐下，就开始追忆起那位亡故的作家。罗伊和德里菲尔德夫人巧妙地提了一些问题，想促使我讲出我能回忆起的有关德里菲尔德的往事，而有些往事我不想说出来，于是这时便努力让自己的大脑保持冷静，唯恐一不留神说漏了嘴。正在这当儿，那个衣着整洁的客厅女仆突然端着一个小托盘走了进来，上面放着两张名片。

“夫人，门口有两位坐车来的先生，他们问是不是可以进来参观一下这儿的房子和花园。”

“真讨厌！”德里菲尔德夫人嚷道，可是口气却显得异常开心，“你们说有趣不有趣？那些人早就想来看这幢房子，我正要对你们说呢，他们就找上门来了，真是一会儿也不叫人安宁。”

“是吗？那你为什么不对他们说不便接待呢？”罗伊说。我觉得他的口气有点儿尖刻。

“噢，那可不成。爱德华一定不希望我这么做。”她看着那两张名片说，“我的眼镜不在身边。”

她把名片递给了我。我看着其中的一张名片念道：“亨利·比尔德·麦克杜格尔，弗吉尼亚大学（上面还用铅笔写着：‘英国文学副教授’）。”另一张名片上面印的是“让－保尔·昂德希尔”（名片下方有一个纽约的地址）。

“原来是美国人！你快去对他们说欢迎他们来，我感到不胜荣幸。”德里菲尔德夫人吩咐女仆道。

须臾，女仆把两个陌生人领了进来。那两个人都很年轻，都是高高的个子，宽肩膀，粗犷黝黑的脸膛，胡子剃得干干净净，眼睛长得很好看。他们都戴着角质架的眼镜，都有一头从前额往后梳的浓密的黑发。他们都穿着一套显然在英国新买的衣服，而且都显得有点儿局促，但健谈，十分有礼貌。他们解释来意说他们正在英国做一次文学研究的旅行，正准备去拉伊[①]瞻仰亨利·詹姆斯的故居，由于仰慕爱德华·德里菲尔德，所以半路上冒昧在此停留，希望能让他们看看被那么多协会视为圣地的场所。德里菲尔德夫人听他们提到拉伊，心里有点不太舒服，便说：

“我相信这两个地方有着密不可分的联系哟。”

接下来，她把这两个美国人介绍给我和罗伊。罗伊巧于应付，叫我大为折服。他似乎曾经去弗吉尼亚大学做过讲座，当时住在那所大学文学系的一个有名的教授家里。那是一段令他终生难忘的经历——不知是因为那些和蔼可亲的弗吉尼亚人对他盛情款待，还是由于他们对艺术和文学有着远见卓识和浓厚的兴趣，反正给他留下了难以磨灭的印象。他向这两个美国人问这问那，问某某人身体可安好，又问某某人事业是否发达，就好像他在那儿有了许多莫逆之交，仿佛他在那儿遇到的每一个人都是那么善良、友好、聪明。过了一会儿，那个年轻的教授就告诉罗伊说他非常喜欢他的书，罗伊则谦虚地说写这本书（或那本书）时原来有怎样的目标，但他有自知之明，认为自己离实现那些目标还差得远。德里菲尔德夫人听了会心地一笑，可我觉得她的笑有点生硬。罗伊可能

① 英国苏塞克斯郡的一个沿海城镇。

也感觉到了，因为他突然停了下来，说道（声音仍是那么洪亮和爽朗）：

“我老说拙作，恐怕会叫你们听烦的。我来这儿不为别的，只因为德里菲尔德夫人委托我完成一项光荣的使命，写一本介绍爱德华·德里菲尔德生平的书。”

一听为德里菲尔德立传，那两位来宾自然大感兴趣。

“实不相瞒，立传并非易事，”罗伊用美国人的那种调侃的语气说，“幸好我有德里菲尔德夫人的鼎力相助——她不仅是德里菲尔德先生的贤妻，也是他可钦可佩的抄写员和秘书。她交给我的材料异常丰富，所以我要做的事情实际上没有多少，只需利用她靠着辛勤的劳动以及满腔热忱积累的资料摇摇笔杆子即可。”

德里菲尔德夫人矜持地低头看着地毯，而那两个年轻的美国人则把他们又大又黑的眼睛转向了她，目光中包含着同情、关切和尊敬。接下来，大家又谈了一会儿，部分话题谈的是文学，但也谈到了高尔夫球，因为那两个客人说等到了拉伊后他们想打一两场球。说到打高尔夫球，罗伊又是很在行的了——他告诉他们在击球进洞时应该注意哪些事项，还希望等他们回到伦敦后能和他在森宁代尔[①]打一场。后来，德里菲尔德夫人站起身，表示要领他们去参观爱德华的书房和卧室，当然还有花园。罗伊也站了起来，显然是想陪他们一起去，但德里菲尔德夫人却对他淡淡地一笑，语气和蔼却果决地说：

“就不麻烦你跟着去了，罗伊。我带他们去看看就行了。你留在这儿陪艾舍登先生说话吧。”

---

① 伦敦著名高尔夫球俱乐部。

"哦，好吧。当然喽。"

那两个陌生人跟我们告别后，我和罗伊重新在套着印花棉布椅套的扶手椅上就座。

"真是个不错的房间。"罗伊说。

"是很不错。"

"埃米装饰这房间可谓煞费苦心。你知道老头子是在他们结婚前两三年才买下这幢房子的。她想要他卖掉，可是他怎么也不肯——在有些方面他是非常固执的。知道吗，这幢房子原来是某位沃尔夫小姐的产业，爱德华的父亲是这位小姐的管家。爱德华小时候曾有一个愿望：希望有一天这幢房子归他所有。所以，他一旦买到手，就绝不会再卖掉的。外人不理解他，总以为他再怎么也不会愿意住在一个人人都知道他的出身，了解他的过去的地方。有一次，可怜的埃米雇女佣时差点雇了爱德华的侄孙女，幸亏她发现得早，此事才没有成。埃米刚来这儿的时候，这幢房子从阁楼到地窖全都是按托特纳姆法院路[①]住宅的那种风格布置的。你应该知道那种风格——土耳其地毯，桃花心木餐具柜，客厅里的家具全都有长毛绒的罩子，家具上面精雕细刻着花纹，现代味十足。这就是爱德华心目中上流人士的房子应该具有的风格。埃米称这样的风格俗不可耐，可是他不许她做任何改变，这就使得她做起事来不得不万分小心。她说她在这样的房子里实在住不下去，决心让房子变得像样，于是一点一点地改变它，为的是不引起他的注意。她告诉我最棘手的是他的书桌。我不知道你是否注意到了现在放在他书房里的那张书桌。那是一件非常棒的古式家具，我也很愿意有这么一张书桌。他

---

① 伦敦西区的一条街道。

原来的书桌是美国产的，拉盖式的，很难看。他已用了多年，在上面写了十几本书，怎么也舍不得换掉。按说他没有恋物癖，对这张书桌恋恋不舍，只是因为用的时间久了不想换掉。如果你想知道埃米最终是怎么换掉这张书桌的，得让她亲口告诉你。那可真是绝啦。她是个很厉害的女人，一般说来总能达到自己的目的。”

“这我已经注意到了。”我说。

刚才当罗伊露出想陪同客人参观房子的意图，她一下子就把他拦住了。罗伊很快给我递了个眼色，哈哈一笑了之——他也不傻，当然知道她的意思。

“若论了解美国，你可不如我。”他说，“那儿的人宁可要一只活老鼠，也不要一头死狮子。这也是我喜欢美国的一个原因。”

第二十五章

德里菲尔德夫人把两个朝圣者送走后回到了客厅，腋下夹着一个文件夹。

“多可爱的年轻人啊！”她说道，“真希望英国的年轻人也能像他们一样对文学产生浓厚的兴趣。我送了他们一张爱德华的遗照，他们又要了一张我的照片，我为他们签了名。”接着她和蔼可亲地对罗伊说：“罗伊，你给他们留下了深刻的印象。他们说能见到你实在是莫大的荣幸。”

“那是因为我常去美国做讲座。”罗伊谦虚地说。

“那倒是的，但他们也拜读过你的大作。他们说他们对你的作品爱不释手，因为里面充满了勃勃生机。”

文件夹里有不少旧照片，有一张照的是一群小学生，其中有一个头发蓬乱的顽童，若非德里菲尔德夫人指出，我根本认不出那就是德里菲尔德。还有一张照的是一个十五人的橄榄球队，包括德里菲尔德在内，年龄比前一张的他大了一点。另一张上是个年轻水手，穿着运动衫和厚呢短夹克，那是德里菲尔德跑去航海时照的。

“这张是他头一次结婚时照的。”德里菲尔德夫人说道。

照片上的德里菲尔德留着胡子，穿一条黑白格子的裤子，上衣纽扣孔里插了一朵很大的白玫瑰，由孔雀草陪衬，身旁的桌子上放着一顶高顶礼帽。

“这就是那位新娘。”德里菲尔德夫人说着，竭力想忍住笑。

可怜的罗茜竟被四十多年前的一个乡村摄影师照得怪模怪样。她僵硬地站在那儿，背景是一个豪华的大厅，手里拿着一大束花儿，裙子上精细地打了许多褶子，腰间收得很紧，裙子里面有裙撑。她的刘海儿一直垂到眼睛上，浓密的头发上高高地戴着一个香橙花的花环，脑袋后面拖着一条长长的白纱。其实，那时的她是非常漂亮的，这一点只有我知道。

“她看上去实在平平无奇。”罗伊说。

“的确如此。”德里菲尔德夫人低声应道。

我们又看了爱德华的其他一些照片，有他成名后照的，有他留胡子时照的（他只留了一撮八字胡），以及后来他把脸刮干净时照的所有照片。从这些照片上，你可以看到他的脸越来越瘦削，皱纹越来越多。早年照片上的他神情倔强而平凡，后来变得儒雅，一脸的倦容——正是阅历、思考以及抱负实现后的倦怠导致了这些变化。我又看了看他还是个年轻水手时的照片，觉得好像那时的他就已经露出了一丝超然的神态，这种神态在他晚年的照片中已非常明显——其实多年前我就隐约觉得他是这么一个人。你在照片上见到的那张脸只是一个面具，一个举止言行缺乏意义的人。我有一种印象：真实的他是孤独的，至死都没有被世人所理解，犹如一个幽灵，默默地游离于大作家的他和平凡的他之间，望着被世人当作爱德华·德里菲尔德的这两个木偶，露出了嘲讽而超然的微笑。我深知自己笔拙，没有将他写成一个活生生的人，一个脚踏实地、形象丰满的人，一个有着明确的动机、行止合乎逻辑的人。我也没有做这样的努力，我乐得将这一使命交给阿尔罗伊·基尔的那支画龙点睛之笔。

在那些照片中我看到了几张那个当演员的哈里·雷特福德为罗茜拍的照片，随后又看到了一张，照的是莱昂内尔·希利尔为她画的那幅画像。我的心头不禁感到一阵痛楚。我记得最清楚的就是她在这幅画像上的模样，尽管她穿着老式的衣衫，然而朝气蓬勃，浑身上下荡漾着激情，似乎随时准备迎接爱情的到来。

“她给人的印象是个粗壮的乡下女人。”罗伊说。

“可以说就是挤奶女工那种类型的女人。”德里菲尔德夫人答道，“我一直觉得她看上去像个白皮肤的黑人。”

以前巴顿·特拉福德夫人也喜欢用这个词称呼罗茜——遗憾的是罗茜嘴唇厚，鼻子大，所以这种称呼也并非无中生有。不过，她们哪里知道罗茜那闪着银光的金发和泛着金光的银白色皮肤是多么光彩照人，哪里知道罗茜的微笑是多么迷人。

“她一点也不像白皮肤的黑人。”我说道，“她如同黎明一样纯洁，似赫柏[1]一般美丽，像白玫瑰一样好看。”

德里菲尔德夫人听了微微一笑，意味深长地和罗伊交换了一下眼神。

“巴顿·特拉福德夫人对我说了许多有关她的事。我并不想显得好像对她怀有恶意，但是恐怕她不会是一个很好的女人。”

“你正是在这一点上弄错了，”我回答说，“她是一个很好的女人。我从来没有见她发过脾气。你想要她把什么东西给你，只要开口就行了。我从来没有听她说过一句对别人不

① 古希腊神话中的人物，宙斯与赫拉的女儿，是青春女神。

友好的话——她的心地非常善良。”

“她邋遢得要命，屋子里总是乱糟糟的，椅子上落满了灰尘，坐都没地方坐，屋拐角堆满了垃圾，叫你看也不敢看。她本人也是这样，穿裙子从来都不像样，老可以看见衬裙从裙子的一边拖出来两英寸。”

“她是个不拘小节的人。这些琐碎的事并不会使她的美减色——她仍是那般善良和美丽。”

罗伊哈哈大笑起来，德里菲尔德夫人也掩口窃笑。

“哦，好，我的艾舍登先生，你说得的确太夸张了。毕竟，有一点却是事实：她是个色情狂。”

“这个词用在她身上怕是太荒唐了。”我说。

“是吗？那就这样说吧——她那样对待可怜的爱德华，可算不上一个好女人。当然，这也是祸兮福所倚。如果她没有跟人私奔，爱德华可能一辈子都得背着这个包袱，而有了这样一个障碍，他绝不可能达到后来他取得的那种地位。但事实就是事实：她对他不忠，已经臭名远扬了。从我听到的情况看，她是个名副其实的淫妇。”

“你是不了解她。”我说，“她是一个非常单纯的人，本性淳朴、坦率。她喜欢让人感到快乐。她热爱爱情。”

“你把那种行为也称作爱情吗？”

“哦，那的确是爱的行为。她天性如此——她一旦喜欢上一个人，就愿意跟他睡觉，这对她而言是很自然的，是不用多想的。这不是罪恶，也不是放荡，而是天性使然。她将自己奉献给别人，就像太阳把温暖奉献给人间一样自然，抑或犹如鲜花奉献芬芳。她乐在其中，因为她喜欢给别人带来欢乐。这丝毫无损于她的品格——她仍然是那么诚挚、朴拙和天真无邪。”

德里菲尔德夫人听了这话，就像是服了一剂难咽的苦药，正想喝点柠檬汁去掉嘴里的苦味。

“我不明白，”她说道，“但也不得不承认：我始终不理解爱德华究竟看中了她什么。”

“他知道她跟各式各样的人关系暧昧吗？”罗伊问。

“我敢肯定他不知道。”她迅速地答道。

“我跟你所见略有不同，德里菲尔德夫人，我并不认为他会那么傻。”我说。

“那他为什么要容忍呢？”

“我想我可以告诉你其中的原因。实际上，她并非那种招蜂引蝶的女人，只是怀有一颗爱心罢了。所以，他要是吃她的醋，就荒唐可笑了。她就像林中空地上的一个池塘，水清而深，跳进去洗个澡是极大的享受。即便一个流浪汉、一个吉卜赛人和一个猎场看守人在你之前曾在里面洗过澡，你洗的时候，那水照样清凉，照样澄澈。”

罗伊又哈哈大笑起来，而德里菲尔德夫人这一次没有掩饰，而是淡淡地笑了笑。

“你的话有着浓厚的诗情画意，听上去怪滑稽的。”罗伊说。

我忍不住在心里长叹了一声。我早就注意到，每当我以极其严肃的态度说真心话的时候，总会有人嘲笑我。实际上，有时候我怀着真挚的感情写的文章，过一段时间再看看，我自己也忍不住想笑。这一定是因为真诚的感情本身有着某种荒唐可笑的地方，只是我自己悟不透罢了。也可能人只不过是一颗小行星上的匆匆过客，暂时居住于此，说什么痛苦啦，奋斗啦，这些在老天爷的眼里只是个笑话而已。

我看出德里菲尔德夫人有什么事情想要问我，她显得有点窘迫。

“你觉得如果她愿意回来的话，他会要她吗？”

“你比我了解他。我觉得他不会。因为他要是对某人产生了激情，而后激情枯竭，那他就不会再对那个人感兴趣了。应该说，他既有强烈的感情，又心硬如铁——这两种特性在他身上奇特地融合在了一起。”

“真不知你怎么会这么说，”罗伊嚷道，“他是我见过的最善良的人。”

德里菲尔德夫人盯着我看了一会儿，然后垂下了眼睛。

“不知她去美国后怎么样了。”罗伊问道。

“她大概和坎普结了婚。”德里菲尔德夫人说，“听说他们改了姓名。当然，他们是不能再回这儿露脸了。”

“她什么时候死的？”

“哦，大概十年前吧。”

“你是怎么知道的？”我问。

“听坎普的儿子哈罗德·坎普说的，他在梅德斯通做什么买卖。我一直没有把这个消息告诉爱德华。对他而言，她早就死了很多年了，没必要让他回忆起往事。人嘛，遇事总得为别人设身处地地想想。我暗中对自己说：我要是他，就不希望听别人提起我青年时代的不幸遭遇。你不觉得我的这种观点是正确的吗？”

第二十六章

德里菲尔德夫人好心地提出要用她的车子送我回黑马厩镇，但我还是情愿走着回去。我答应第二天再来弗恩大宅吃饭，同时还答应把我经常见爱德华·德里菲尔德的那两段时期自己所能记得的往事写下来。我顺着蜿蜒的大路走去，一路上一个人都没有碰到，心里琢磨着应该写些什么。人们不是说所谓风格就是删节的艺术嘛。假如果真如此，那我完全可以写出一篇非常漂亮的文章。罗伊拿到手里，仅仅将其用作普通材料，这就显得有些可惜了。倘若我愿意，我便可以抛出一个爆炸性新闻，想到这一点我便哑然失笑。至于爱德华·德里菲尔德的过去以及他的第一次婚姻，只有我能把他们想了解的情况告诉他们，但我情愿把这些情况藏在心里。他们以为罗茜死了，其实大错特错——罗茜活得好好的。

前一阵，纽约要上演我的一个剧本，我经纪人的新闻代表把我到达纽约的消息炒得沸沸扬扬，弄得尽人皆知。一天，我接到一封信，上面的笔迹很熟悉，可是我一时却想不起是谁的字。那字写得很大，圆润有力，但出自一个文化水平不高的人之手，非常眼熟，但叫人气恼的是就是想不起来是谁写的。明智之举是马上把信拆开看看，一看就知道了，然而我却只顾望着信封上的字发呆，只顾绞尽脑汁地瞎猜。有些信里的笔迹叫我实在不愿意看，一看就惊诧得浑身打寒噤；有些信让我见而生厌，就是放一个星期也无心拆开。当我最终拆开这封信时，里面的内容却使我有一种奇怪的感觉。它开门见山地写道：

> 我刚看到你来纽约的消息，希望能再见你一面。我现在不住在纽约，而是住在近旁的扬克斯[①]。如果你有汽车，不出半个小时就可抵达。我想你一定很忙，所以请你定个日子。虽然你我分别多年，但我希望你没有忘记你的老朋友。
>
> 罗茜·伊古尔登（原德里菲尔德）

我看了看地址，是阿尔比马尔，显然是一处旅馆或是公寓大楼，后面才是街名和扬克斯的地名。我不禁打了个哆嗦，仿佛半夜听见了鬼叫门。在过去的那些年里，我有时也会想到罗茜，但近来我心想她肯定死了。看着这封短信的落款名字，我一头雾水，不明白她为什么不用坎普的姓，却用的是伊古尔登。转念一想我才明白他们私奔逃离英国时用的是这个姓，这也是肯特郡的一个姓氏。起初，我想找个借口不去见她——对于久别之人，我一向都是不愿再见面的。然而，这时我却突发好奇之心，想去看看她现在是什么模样，听听她都经历了什么风风雨雨。反正我正要到多布斯费里[②]去过周末，路上得经过扬克斯，于是我便回信告诉她，说我星期六下午四点左右去看她。

---

① 美国纽约州韦斯特切斯特县的一座城市，位于哈得孙河的东岸。

② 美国纽约州韦斯特切斯特县的一个度假小镇。

阿尔比马尔是一幢庞大的公寓大楼，外表显得还比较新，好像住的都是些经济境况优裕的人。看门的是一个穿制服的黑人，他打电话上去通报了我的姓名，另一个黑人开电梯送我上楼。我感到异常紧张。给我开门的是一个黑人女仆。

"请进，"她说，"伊古尔登夫人正在等你。"

我被引进一个起居室兼餐厅的房间，房间的一头放了一张雕刻了许多图案的橡木方桌、一个碗柜和四把仿古椅子（大溪城[①]的家具制造商肯定会说这种椅子出品于英王詹姆士一世时代）。而房间的另一头则摆着一套路易十五时代的家具，都镀了金，套着淡蓝色的锦缎罩子。屋里还有好多张镀了金的小桌子，雕刻得富丽堂皇，上面放着一些塞夫尔[②]花瓶，花瓶上带有仿金铜饰品以及裸体女子的铜像，铜像上的饰带像被一阵狂风吹拂，随风飘动着的饰带巧妙地遮盖住了裸女身体的那些不宜给人看的部位；每尊铜像都俏皮地伸出一只胳膊，手里举着一盏电灯。房间里有一台留声机，那是我在店铺橱窗里见到过的最豪华的唱机，镀满了金，形状犹如一顶轿子，上面画了一些华托[③]风格的朝臣及其夫人。

我等了大约有五分钟，只见一扇门开了，罗茜轻快地走了出来。她把两只手都伸给了我，说道：

"啊，这真是个惊喜。我真不愿想我们已经多少年没见了。请等一等。"她走到门口，朝外面喊道："杰西，茶可以端来了。注意一定要让水烧开了再沏茶。"随后她走回来接着说道："你

---

① 美国密歇根州一城市。这座城市因家居设计和生产而闻名。

② 塞夫尔是法国塞纳省的一个市镇，位于巴黎的西南郊区，以生产瓷器而闻名。

③ 让-安东尼·华托（Jean-Antoine Watteau，1684—1721），法国十八世纪洛可可时期的画家，以描绘牧歌式的爱情见长。

真不知道我费了多大劲儿教这姑娘怎么沏茶。”

罗茜至少有七十岁了，浑身珠光宝气[①]，穿一件非常漂亮的绿色薄绸无袖连衣裙，领口是方的，下摆很短，穿在身上好似一只紧绷绷的手套。从她的体形看，我猜她里面穿着橡胶的紧身胸衣。她的指甲涂得鲜红，眉毛也修过了；身体已发福，有了双下巴；尽管胸脯上扑了好多白粉，但皮肤仍红红的，脸也发红。不过她看上去身体健康，精力充沛。她的头发仍然十分浓密，只是全白了，剪得很短，烫成了波浪状。少女时的她秀发柔软，自然鬈曲，而今烫得僵硬，仿佛她刚从理发店里出来（这似乎是她身上最大的变化）。她唯一没有变的是她的微笑，还是那么调皮，那么孩子气，那么甜蜜。她的牙齿一直就不怎么好，长得既不整齐，样子也不好看，现在则换上了一口整整齐齐、雪白光亮的假牙——这显然是金钱所能买到的最漂亮的假牙。

那个黑人女仆端来了精美丰盛的茶点，有三明治馅饼、饼干、糖果以及小巧的刀叉和餐巾，把一切都安排得干净利落。

“我缺什么都行，就是不能缺茶点。”罗茜拿起一个热热的黄油烤饼说，“说真的，尽管我也知道不该吃这东西，可它偏偏是我最爱吃的。我的医生经常告诫我说：‘伊古尔登夫人，要是你每天喝茶的时候都吃上六七块甜饼，你就没法了减轻体重。’”她朝我微微一笑，这时我突然隐隐地觉得，虽然罗茜烫了头，涂脂抹粉，身体发胖，其实她仍和从前一样。“而我的格言是：乐在当前，能享受就享受。”

以前我一直跟罗茜很谈得来。此时，我俩很快便聊了起

---

① 原文是法语：diamanté。

来，仿佛彼此只有几个星期没有见面。

“你接到我的信觉得很意外吧？我特意加了德里菲尔德这个姓，好让你知道是谁写的。我们一来美国，就改姓伊古尔登了。乔治离开黑马厩镇的时候发生了一点儿不愉快的事，可能你已有所耳闻。所以他觉得既然来到一个新的国家，就最好换一个新的姓氏，一切从头开始。希望你能理解我的意思。”

我含糊地点了点头。

“可怜的乔治，他十年前就去世了。”

“真叫人感到难过。”

“唉，他也是上了年纪，都七十多岁的人了，只是外表上看不出来罢了。这对我来说是一个沉重的打击——他对我体贴入微，再没有比他更好的丈夫了。从我们结婚到他去世，我们俩从来没有拌过嘴。他留给我的钱足够我衣食无忧，怎能不令人感激。”

“我为你感到高兴。”

“来这儿后，他把事业搞得风生水起。他做的是建筑行业，因为他对这一行一直都情有独钟，在这里跟坦慕尼协会[①]联手搞合作。他总说他一生最大的失误就是没有早二十年上这儿来。一踏入这个国家的国门，他就爱上了它。他在这儿干劲十足，而这里最需要的也是干劲。他就是那种能出人头地的人。”

“你们再没有回过英国吗？”

“没有，我从来没有这种想法。乔治有时倒是说想回去

---

① 也称哥伦比亚团（the Columbian Order），最初是美国的一个全国性的爱国慈善团体，后来成为纽约的一个政治机构。

看看，全当是一趟旅游，但我们从没当过真。现在他死了，我就更没有这种意向了。我认为在纽约住久了，会觉得伦敦死气沉沉，同时还会回忆起不堪的往事。我们以前一直住在纽约，他死后我才搬到这儿来的。”

“你为什么选择扬克斯这个地方呢？”

“哦，我一直都很喜欢这个地方。我常对乔治说，等我们退休了，就住到扬克斯来。我觉得这个地方有点儿像英国，像梅德斯通、吉尔福德[①]或者别的哪个地方。”

我笑了，但我明白她的意思——尽管扬克斯有叮当响的电车和嘟嘟叫的汽车，有电影院和霓虹灯，但几条主要的弯弯曲曲的大街，微微有点儿像充斥着爵士音乐的英国乡镇。

“当然，有时候我也很想知道黑马厩镇居民的情况。我想他们现在恐怕大多都已离开了人世，可能他们也以为我踏上了黄泉路。”

“我有三十年没去过那儿了。”

那时候我还不知道罗茜去世的传闻已经传到了黑马厩镇。大概有人把乔治·坎普去世的消息带回去，误传成罗茜去世了。

“我想这儿没有人知道你是爱德华·德里菲尔德的第一个夫人吧？”

“哦，没有。嗨，要是知道的话，那帮记者就会像一大群蜜蜂似的围着我的公寓嗡嗡乱叫。要知道，有时候我到别人家里去打桥牌，他们谈到特德的书，我还真有点忍俊不禁呢。他的书在美国是香饽饽，读者喜欢得不得了。我却不以为然，从不觉得有那么好。”

---

① 英格兰萨里郡的一个镇。

“你从来就不怎么爱看小说，对吧？”

“我以前比较爱看历史书，现在似乎也没有那么多闲空看书了。我最爱星期天。我觉得这里办的星期天的报纸非常棒，在英国是见不到的。当然，我经常打桥牌，并且对定约桥牌[1]十分痴迷。”

记得少年时，我初次跟罗茜交往，就对她打惠斯特牌的高超技艺有深刻的印象。此时我有一种感觉，她一定是个桥牌高手，敏捷，勇敢，准确，是一个得力的合作伙伴，也是一个危险的对手。

“特德的去世在这儿掀起了轩然大波，那种景象你见了不吃惊才怪呢。我知道他们觉得他是个了不起的大人物，但我从不知道他有那么伟大。报纸上介绍他的文章铺天盖地，还刊登有他的照片和弗恩大宅的照片。以前特德老说总有一天他要住进那幢宅子的。他为什么娶了那个医院护士呢？我一直以为他会和巴顿·特拉福德夫人结婚。他们一直没有孩子，是吗？”

“是的。”

“特德很想要几个孩子。我生了头一个孩子以后就不能再生了，这对他是一个很大的打击。”

“我不知道你还生过孩子。”我诧异地说。

“唉，是生过的。这也是特德娶我的原因。可是，我生这孩子的时候生得很困难，医生说我不能再生了。要是那可怜的小家伙还活着，我想我是不会和乔治一起私奔的。她是一个可爱的小女孩，漂亮得就跟画上的一样，可惜六岁时死了。”

---

① 由一种叫“惠斯特”的纸牌游戏发展来的桥牌游戏。

“你可从来没有提起过她。”

“是的，因为提到她我就受不了。她得了脑膜炎，我们把她送到了医院。他们把她安顿在了一个单人病房里，院方让我们陪护她。我永远忘不了她所经受的那些痛苦，她痛得一声一声地尖叫，不停地叫，而所有的人却都束手无策。”

罗茜声音哽咽着再也说不下去了。

“是不是就是德里菲尔德在《人生的悲欢》里所描写的那种临死的场面？”

“是的，就是那种。我一直觉得特德真是可笑，他跟我一样都不忍心再提此事，可是他却全写到了书里，细节无一遗漏，甚至连我当时没留意的琐碎事也写了进去，我看了后才想起来。你会觉得他冷酷无情，其实不然——他和我一样心里十分难受。晚上我们一回到家，他常常会哭得像个小孩子。真是个怪人，你说是不是？”

正是《人生的悲欢》这本小说在当时招致了一片暴风骤雨般的责难声，也正是书中描写的那个孩子临死时的场面以及后来的一些情节惹了众怒，人们将字眼恶毒的咒骂劈头盖脸地倾泻在了德里菲尔德身上。书中的那些情节我记得非常清楚，令人肝肠寸断，却不包含丝毫感伤的成分，结果没有引出读者的眼泪，只激起了他们的愤怒，怪作者不该用那样的笔墨描写一个幼小孩子的死，让孩子承受那般残忍的磨难。你会觉得这样的事只能在最后的审判日从上帝的口中说出。其实，作者的笔墨非常有感染力。可是，如果这个片段取自现实生活，那么后面的情节也是对现实生活的写照吗？正是后面的情节震惊了十九世纪九十年代的公众，使得舆论哗然——评论家们口诛笔伐，斥责那样的情节不仅有伤风化，且不可信。在《人生的悲欢》中，那对夫妇（他们的名姓我已忘了）在孩子死后从医院回到家里，喝了杯茶醒神。他们一贫如洗，住在出租公寓内，生活朝不保夕。当时天色已晚，大约已有七点钟了。一个星期来，两口子精神持续紧张，心里过度忧伤，早已疲乏不堪。他们相对无言，只是凄凄惨惨地呆坐着，任时间悄然流逝。静静坐了几个小时后，妻子突然站起身，走进卧室去戴上帽子，说道：

"我出去走走。"

"好吧。"

他们住在维多利亚车站附近。她沿着白金汉宫大街走去，穿过公园。她到了皮卡迪利大街，又慢慢地向皮卡迪利广场走去。一个男子和她目光相遇，便站住脚，转过身说：

"晚上好。"

"晚上好。"

她也站住了脚，嫣然一笑。

"和我一块儿去喝一杯怎么样？"男子问道。

"去就去吧。"

他们走进皮卡迪利大街旁边的一条小路，进了一家酒馆，那儿聚集了一些妓女，有嫖客来就跟着走。二人坐下来喝了杯啤酒，她和这个陌生男子说说笑笑，信口胡诌了一套话讲了自己的身世。不久，男子问她能不能跟她到她家里去。她推说不便，建议去旅馆过夜。于是二人坐上马车去了布鲁姆斯伯里，在那儿的一家旅馆里开房间共度良宵。次日晨，她乘坐公共汽车到了特拉法尔加广场，然后步行穿过公园。她到家时，她丈夫正坐下来准备吃早饭。饭毕，他们回到医院去安排孩子的葬礼。

"有些情况你能不能告诉我，罗茜？"我问道，"书里讲的孩子死后发生的那些事……那些事也是真的吗？"

她迟疑地看了我一会儿，随后咧嘴一笑，笑得依然那么娇媚动人，说道：

“哦，那都是多少年前的陈芝麻烂谷子了，真不真又有什么关系。就是给你讲讲，我也不会介意的。他写的并不完全真实，你知道的，有些仅仅是他自己的猜测而已。不过，他居然猜对了那么多，还是叫人感到吃惊的，因为具体是什么情况我对他只字也没有提过。”

罗茜拿起一支香烟，若有所思地把香烟的一头在桌上顿了顿，然而却没有点着。

“我们从医院回家的情形，一如他书中所述。我们是走回去的，因为我觉得自己无法安坐在马车上，只感到心如死灰。我眼泪已哭干，再哭也哭不出来了，浑身累极了。特德试图安慰我，而我却说：‘看在上帝的分上，闭上你的嘴！’后来，他就什么也不说了。那时我们租住在沃霍尔大桥路一幢公寓的三层，只有一间客厅和一间卧室，所以我们只好把那可怜的孩子送到医院去。我们在寓所里是无法照料她的，再说女房东也不允许把病人留在公寓楼里。特德说孩子在医院里可以得到更好的照料。女房东倒不是一个坏人，以前做过妓女，特德常和她搭话，一说就是好长时间。那天她听到我们回来了，就上楼来探问。

“‘小姑娘今晚怎么样了？’

“‘她死了。’特德说。

“我一句话也说不出来。后来女房东把茶点送了来。我什么都不想吃，可是特德硬要我吃了点儿火腿。随后我就坐在窗旁发愣。女房东上来收拾杯盘的时候，我也没有回头，因为我不想跟任何人说话。特德在看一本书，至少是装着在看，但他并没有翻动书页，只见他的泪水扑簌簌地滴落在书上。我的眼睛一直望着窗外。那天是二十八号,已到了六月底,白天已经很长。我们住的房子正靠近街的拐角，我看得见那儿的酒馆有客人在进进出出,街上的电车来来往往。我只觉得白天好像永远没有尽头了，后来突然醒过神才发现天已黑了。华灯初上，人流如织。我身疲力乏，两条腿像灌了铅一般沉重。

"'你为什么不点灯呢？'我问特德。

"'你要点灯吗？'他说。

"'坐在黑影里没什么好处。'我说。

"他点了灯，然后就开始抽烟斗。我知道抽口烟对他会有好处的，但我只是坐在那儿看街景。我不知道自己是怎么回事，反正我觉得继续坐在屋子里，自己会发疯的。我想出去走走，看看街灯，看看人。我想离开特德，或者不如说想离开他沉重的心情以及痛苦的感受。我们家只有两个房间。我走进卧室，孩子的小床仍放在那里，但我不忍心去看它。我戴上帽子和面纱，换了衣服，随后回到特德跟前，说：

"'我出去走走。'

"特德看着我。我敢说他注意到我穿了一件新衣服，或者也许我说话的口气不对头，这些让他觉得我不想陪他闷坐了。

"只听他回答了一句:'好吧。'

"他在书里说我穿过了公园，其实不然——我径直去了维多利亚车站，从那儿乘马车去了查令十字街。车费只花了一个先令。随后我走上了河岸街。出家门前我心里就有了打算。你还记得哈里·雷特福德吗？当时他正在阿德尔菲剧院演出,演的是二号喜剧角色。我走到剧场后门,报了我的姓名。我一直都很喜欢哈里·雷特福德，虽然他有点滑头，在花钱上拆东墙补西墙，但可以叫你欢笑，尽管缺点多，还算得上是一个难得的好人。你知道吗？他后来在布尔战争[①]中牺牲了。”

“这我不知道。我只知道他后来不见了，在演出海报上再也看不到他的名字。我还以为他改行去做买卖或什么的。”

“没有，战争一开始他就去了，战死于莱迪史密斯[②]。那天晚上我等了一会儿他就下来了。我说：‘哈里，今晚咱们去乐一乐。先去罗马诺饭店吃点夜宵怎么样？’他回答说：‘极妙。你在这儿等着，我演完戏卸了妆就来。’我一见他心里就觉得好受了一些——那天他演一个在赛马场倒卖高价票的人，穿着格子布衣服，戴着圆顶礼帽，红鼻头，叫人一看就想笑。我在那儿等到戏演完，他下来后我们就到罗马诺饭店去了。

“‘你饿吗？’他问我。

“‘饿极了。’我说。当时我的确很饿。

“‘今天咱们吃最好的饭菜，’他说，‘管他花多少钱呢。我告诉比尔·特里斯我要请我最好的姑娘吃夜宵，跟他借了几英镑。’

“‘咱们喝点香槟吧。’我说。

“‘为友谊痛饮三杯！’他说。

“我不知道你以前有没有去过罗马诺饭店。那可是个不错的地方，见得到各色演艺界以及赛马场的人，也是卖笑女子出没的场所。真是一方洞天福地！饭店老板是罗马人，和哈里认识，一见我们来，他就到我们桌子跟前，操一口有趣

① 即英布战争，英国对南非布尔人（南非荷兰移民后裔）的战争。1899年10月英国发动战争，布尔人战败。

② 南非东北部的一座城镇。

的蹩脚的英语跟人闲扯。我觉得他那一口滑稽的腔调是一种做派，为的是博人一笑。要是他认识的哪个客人身上带的钱不够，他总会借给对方五英镑。

“‘孩子怎么样了？’哈里问。

“‘好些了。’我撒谎说。

“我不想对他说实话。你知道男人是很有趣的，有些事情他们不明白。哈里要是知道我那可怜的孩子在医院里尸骨未寒，我就跑出来和他吃夜宵，那他一定会觉得我可怕极了。他会表示哀痛，说一些安慰的话，但这并非我所需要的——我所需要的是笑声。”

说到此处，罗茜点着了她一直拿在手里摆弄的香烟。

“你知道，当女人怀孕的时候，做丈夫的有时候会耐不住生理的需要，会出去找女人。妻子一旦发现——有趣的是她总能发现——就会闹得鸡犬不宁。她会骂丈夫不该在她受苦受难的时候，自己却干那种勾当，唉，这是让人无法忍受的。遇见这样的妻子，我就劝她不要犯傻。她丈夫那般行事并不等于不爱她，不必为此而气恼，这种事不代表什么，只是因为她丈夫太紧张了——他要不是因为心情不好，是绝对不会想那种事的。这种情况我是很了解的，因为我当时就处于那样的心境。

“我们吃完夜宵后，哈里说：‘哦，怎么样？’

“‘什么怎么样？’我说。

“那时候还不流行跳舞，所以吃完夜宵后就没有什么地方可去了。

“‘到我那儿去看看我的相册怎么样？’哈里说。

“‘去就去吧。’我说。

“他在查令十字街有一套很小的公寓房，里面只有两个房间、一间浴室和一间小厨房。我们坐马车到了那儿，我在那儿住了一夜。

“次日早晨我回到家中，早饭已摆上桌，特德刚开始吃。我心里暗自思忖：他如果话头不对，我就跟他闹起来，无论发生什么我都不在乎。以前我能挣钱养活自己，现在也可以自食其力。我还巴不得收拾行李走人，立刻离开他呢。可是我进屋的时候，他仅仅抬头看了看我，说道：

“‘你回来得正是时候，我正想把你的那份香肠也吃了呢。’

“我坐下来，给他倒了一杯茶。他继续看报纸。吃完早饭，我们一起去了医院。至于我去了哪里，他连问也没有问，真不知他心里是怎么想的。那段时间他对我体贴极了。我心里很难受，你知道的，有时候觉得自己简直无法忘掉失女之痛，而他千方百计劝我、安慰我，以减轻我的痛苦。”

“你看了那本书，心里是怎么想的？”我问道。

“哦，想不到他对那天夜里发生的事知道得那么清楚，实在出乎我的意料。最叫我想不到的是他连这种事也写进书里。我原以为他写什么也不会写这种事的。你们这些作家真是一些怪人。”

这时电话铃响了，罗茜拿起听筒听了听，然后说道：

“噢，瓦努齐先生，谢谢你给我来电话！哦，我身体很好，谢谢你。唔，承蒙夸奖。你要是到了我这个年纪，什么好听的话都是喜欢听的。”

她在电话里和对方神聊起来，听她那声调颇有几分打情骂俏、卖弄风情的味道。我并没有留神去听他们的谈话，只觉得这个电话特别长，后来索性回忆起了这位作家的一生。他的一生饱受苦难。起步时，他必须忍受贫苦和世人的冷眼；稍微有了一些起色后他又得挺起腰杆，体面地迎接各种挑战。

他得听命于喜怒无常的公众，他得仰记者和摄影师的鼻息过活（他得靠记者的采访以及摄影师为他照相而扬名）。他得跟编辑以及税务人员打交道（这些人会在录稿和所得税方面为难他），他还得跟要人、协会秘书以及女人周旋（要人请他赴饭局，协会秘书请他去做讲座，女人缠着要嫁给他或者叫他陷入离婚的旋涡）。另外，文学青年请他签名，演员请他扮演角色，素不相识的人问他借钱，感情冲动的女士征求他关于婚姻方面的意见，执着于写作的晚辈求他指点迷津，还有经纪人、出版商、经理、令他厌烦的人、仰慕他的人、评论家以及他自己的良心，也都对他纠缠不休。不过，他也可以从中得到一种补偿。无论何时，只要他心有所思，不管是搅扰人的愁思、对亡友的哀思、单相思、自尊心受到伤害的暗思，还是面对某人恩将仇报时所产生的愤怒的沉思，反正只要有想法，无论出于任何情绪或困惑，都可以行诸笔端，将其变为白纸黑字，或用作故事的主题，或用作文章的点缀，去彻底把它忘掉。他是唯一自由的人。

罗茜打完电话放下听筒，向我转过身来，说：

“那是我的一个男友。我今天晚上去打桥牌，他电话里说要开车来接我。当然，他是个意大利佬，但人真的好。他以前在纽约市中心开了一家很大的食品杂货店，现在已经退休了。”

“你从没有考虑过再结婚吗，罗茜？”

“没有。”她笑了笑说，“这倒不是说没有人向我求婚。我现在的日子过得很开心。我的观点是，嫁个老头子非我所愿，而我这么大年纪嫁个年轻人又太荒唐。我有过快乐的时光，而今该心满意足了。”

“你怎么会和乔治·坎普私奔呢？”

“哦，我一直很喜欢他，早在跟特德交往之前就认识他了，你知道的。当然，我只是从没想到过有可能会嫁给他。一是因为他已经结了婚，二是由于他得考虑自己的社会地位。后来有一天他跑来找我，说一切都完了——他破了产，几天内就会收到逮捕他的拘票。他说要到美国去，问我愿不愿和他一起走。我又能怎么办呢？他过惯了好日子，住着大房子，出门有自己的马车，那时恐怕已囊空如洗，只身一人到美国去，让我怎么放心得下。我又不怕吃苦。”

“我有时候觉得他是你唯一爱的人。”我说。

“我认为这话是有几分道理的。”

“我想知道你看中了他什么地方？”

罗茜的目光转向了墙上的一张照片，不知怎么，我刚才竟没有注意到那照片。那是一张放大了的乔治勋爵的照片，镶在一个雕刻着花纹的镀金相框里，看上去像是刚到美国不久照的，也许是他们结婚时照的。那是一张大半人身像，他身穿长礼服，扣子扣得很紧，头上潇洒地歪戴着一顶高高的丝绸面礼帽，扣孔里插了一朵很大的玫瑰花，左边腋下夹着一根银头手杖，右手拿着一支冒着烟的大雪茄，嘴上留着浓密的八字胡，胡须尖上涂了蜡，眼睛里流露出玩世不恭的神情，完全是一副不可一世、神气十足的姿态。他领带上别着一个马蹄形的钻石别针，看上去就像一个酒店老板，穿上自己最漂亮的衣服，准备去参加德比赛马大会①。

“我可以告诉你原因，”罗茜说，“他自始至终都是一个完美的绅士。”

---

① 在萨里郡的埃普索姆唐斯举办的赛马盛会，由德比伯爵首创，因此得名。

图书在版编目（CIP）数据

寻欢作乐：汉英对照 /（英）威廉·萨默塞特·毛姆（W. Somerset Maugham）著；方华文译. --南京：译林出版社，2025.1. --（双语经典）. --ISBN 978-7-5753-0341-5

I.H319.4

中国国家版本馆 CIP 数据核字第 20245EX153 号

寻欢作乐 〔英国〕威廉·萨默塞特·毛姆 / 著 方华文 / 译

责任编辑 陈绍敏
特约编辑 张艳华 苏雪莹
装帧设计 字里行间设计工作室
校 对 刘文硕
责任印制 贺 伟

出版发行 译林出版社
地 址 南京市湖南路 1 号 A 楼
邮 箱 yilin@yilin.com
网 址 www.yilin.com
市场热线 010-85376701
排 版 字里行间设计工作室
印 刷 三河市中晟雅豪印务有限公司
开 本 889 毫米 ×1194 毫米 1/32
印 张 16
版 次 2025 年 1 月第 1 版
印 次 2025 年 1 月第 1 次印刷
书 号 ISBN 978-7-5753-0341-5
定 价 59.80元